book2
books in 2 languages

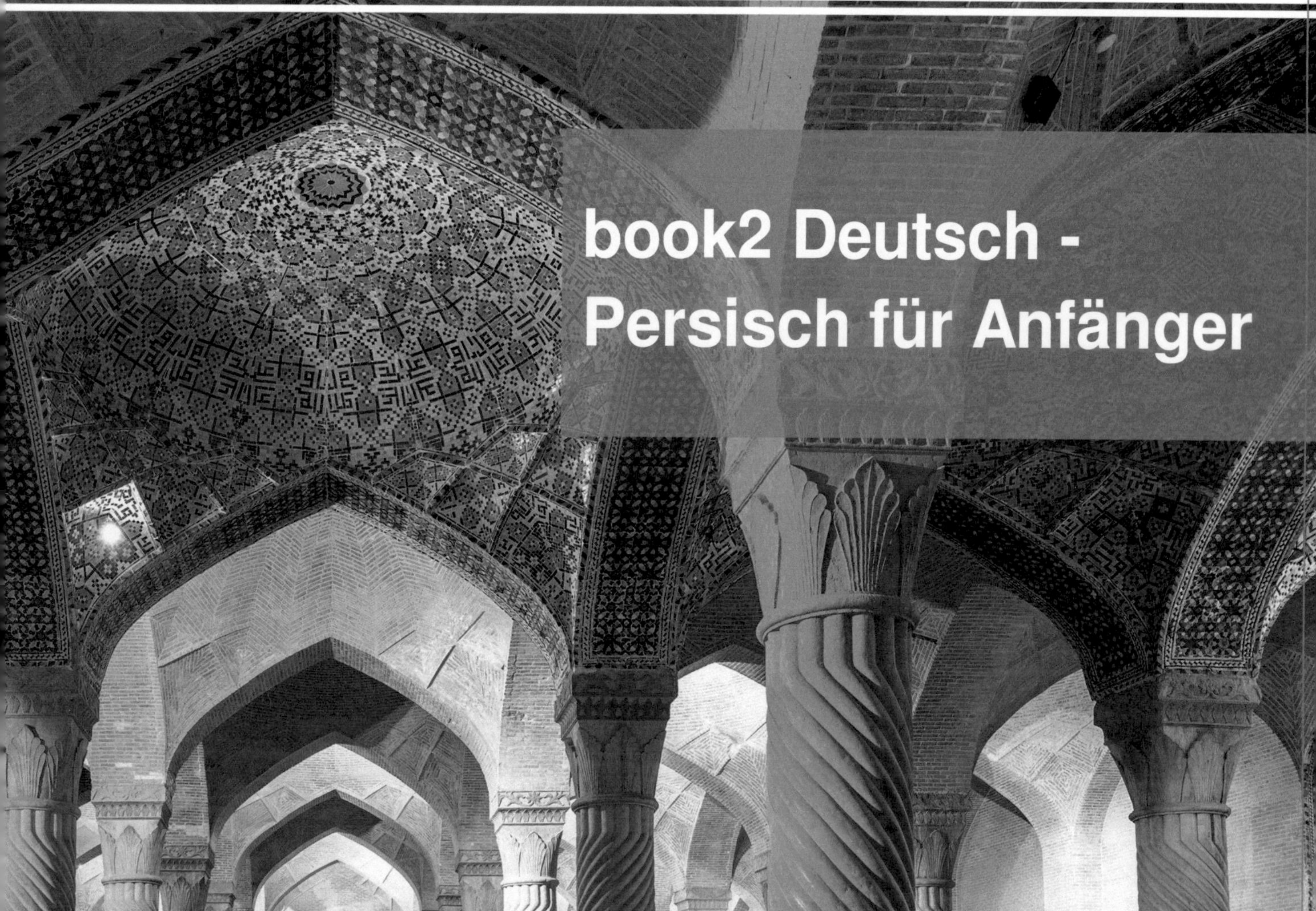

book2 Deutsch - Persisch für Anfänger

IMPRINT / IMPRESSUM

Johannes Schumann:
book2 Deutsch - Persisch für Anfänger
EAN-13 (ISBN-13): 978-3-93-814112-0

Inquiries / Anfragen:
info@50languages.com
info@goethe-verlag.com

Inhalt

Personen

اشخاص
ash-khâs

ich	من man
ich und du	من و تو man va to
wir beide	هردوی ما har doye mâ
er	او (مرد) oo (mard)
er und sie	آن مرد و آن زن ân mard va ân zan
sie beide	هردوی آنها har doye ânhâ
der Mann	آن مرد ân mard
die Frau	آن زن ân zan
das Kind	آن بچه ân bache

Personen

اشخاص
ash-khâs

eine Familie

یک خانواده
yek khânevâde

meine Familie

خانواده من
khânevâdeye man

Meine Familie ist hier.

خانواده من اینجاست.
khânevâdeye man injâst

Ich bin hier.

من اینجا هستم.
man injâ hastam

Du bist hier.

تو اینجا هستی.
to injâ hasti

Er ist hier und sie ist hier.

آن مرد اینجاست و آن زن اینجاست.
ân mard injâst va ân zan injâst

Wir sind hier.

ما اینجا هستیم.
mâ injâ hastim.

Ihr seid hier.

شما اینجا هستید.
shomâ injâ hastid

Sie sind alle hier.

همه آنها اینجا هستند.
hameye ânhâ injâ hastand.

Familie

خانواده
khânevâde

der Großvater	پدربزرگ
	pedar bozorg
die Großmutter	مادربزرگ
	mâdar bozorg
er und sie	او (پدربزرگ) و او (مادربزرگ)
	oo (pedar bozorg) va oo (mâdar bozorg)

der Vater	پدر
	pedar
die Mutter	مادر
	mâdar
er und sie	او (پدر) و او (مادر)
	oo (pedar) va oo (mâdar)

der Sohn	پسر
	pesar
die Tochter	دختر
	dokhtar
er und sie	او (پسر) و او (دختر)
	oo (pesar) va oo (dokhtar)

2 [zwei]

Familie

2 [دو]
2 [do]

خانواده
khânevâde

der Bruder

برادر
barâdar

die Schwester

خواهر
khâhar

er und sie

او (برادر) و او (خواهر)
oo (barâdar) va oo (khâhar)

der Onkel

عمو, دایی
amu, dâee

die Tante

عمه, خاله
amme, khâle

er und sie

او (عمو، دایی) و او (خاله، عمه)
oo (amu, dâee) va oo (khâle, amme)

Wir sind eine Familie.

ما یک خانواده هستیم.
mâ yek khânevâde hastim.

Die Familie ist nicht klein.

خانواده کوچک نیست.
khânevâde kuchak nist.

Die Familie ist groß.

خانواده بزرگ است.
khânevâde bozorg ast.

Kennen lernen

آشنا شدن
âshenâ shodan

Hallo!	سلام salâm!
Guten Tag!	روز بخیر! ruz be khair!
Wie geht's?	حالت چطوره؟ hâlet chetore?
Kommen Sie aus Europa?	شما از اروپا می آیید؟ shomâ az orupâ mi-âyid?
Kommen Sie aus Amerika?	شما از امریکا می آیید؟ shomâ az âmrikâ mi-âyid?
Kommen Sie aus Asien?	شما از آسیا می آیید؟ shomâ az âsiâ mi-âyid?
In welchem Hotel wohnen Sie?	درکدام هتل اقامت دارید؟ dar kodâm hotel eghâmat dârid?
Wie lange sind Sie schon hier?	چه مدت از اقامتتان در اینجا میگذرد؟ che moddat az eghâmate-tân dar injâ migozarad?
Wie lange bleiben Sie?	چه مدت اینجا میمانید؟ che moddat injâ mimânid?

Kennen lernen

آشنا شدن
âshenâ shodan

Gefällt es Ihnen hier?

از اینجاخوشتان می آید؟
az injâ khoshetân mi-ây-yad?

Machen Sie hier Urlaub?

برای مسافرت اینجا هستید؟
barâye mosâferat injâ hastid?

Besuchen Sie mich mal!

سری به من بزنید
sari be man bezanid

Hier ist meine Adresse.

این آدرس من است.
in âdrese man ast.

Sehen wir uns morgen?

فردا همدیگر را می بینیم؟
fardâ ham digar râ mibinim?

Tut mir Leid, ich habe schon etwas vor.

متاسفم، من کار دارم.
mota-asefam, man kâr dâram.

Tschüs!

خداحافظ!
khodâ hâfez!

Auf Wiedersehen!

خدا نگهدار!
khodâ negahdâr!

Bis bald!

تا بعد!
tâ ba-ad!

In der Schule

در مدرسه
dar madrese

Wo sind wir?	ما کجا هستیم؟ mâ kojâ hastim?
Wir sind in der Schule.	ما در مدرسه هستیم. mâ dar madrese hastim.
Wir haben Unterricht.	ما کلاس درس داریم mâ kelâse dars dârim
Das sind die Schüler.	آنها دانش آموزان هستند. ânhâ dânesh-âmoozân hastand.
Das ist die Lehrerin.	این خانم معلم است. in khânom-e moalem ast.
Das ist die Klasse.	این کلاس درس است. in kelâse dars ast.
Was machen wir?	ما چکار می کنیم؟ mâ chekâr mikonim?
Wir lernen.	ما درس میخوانیم. mâ dars mikhânim.
Wir lernen eine Sprache.	ما یک زبان یاد میگیریم. mâ yek zabân yâd migirim.

In der Schule

در مدرسه
dar madrese

Ich lerne Englisch.	من انگلیسی یاد میگیرم. man engelisi yâd migiram.
Du lernst Spanisch.	تو اسپانیایی یاد میگیری. to espâni-â-i yâd migiri.
Er lernt Deutsch.	او (مرد) آلمانی یاد میگیرد. oo âlmâni yâd migirad.
Wir lernen Französisch.	ما فرانسوی یاد میگیریم. mâ farânsavi yâd migirim.
Ihr lernt Italienisch.	شما ایتالیایی یادمیگیرید. shomâ itâli-â-i yâd migirid.
Sie lernen Russisch.	آنها روسی یاد میگیرند. ânhâ rusi yâd migirand.
Sprachen lernen ist interessant.	یادگیری زبان جالب است. yâd-giri-ye zabân jâleb ast.
Wir wollen Menschen verstehen.	ما میخواهیم انسانها را بفهمیم. mâ mikhâ-him ensânhâ râ befahmim.
Wir wollen mit Menschen sprechen.	ما میخواهیم با انسانها صحبت کنیم. mâ mikhâ-him bâ ensânhâ sohbat konim.

Länder und Sprachen

کشورها و زبانها
keshvar-hâ va zabân-hâ

John ist aus London.	جان اهل لندن است.
	jân ahle landan ast.
London liegt in Großbritannien.	لندن در انگلستان قرار دارد.
	landan dar engelestân gharâr dârad.
Er spricht Englisch.	او (مرد) انگلیسی صحبت میکند.
	oo engelisi sohbat mikonad.
Maria ist aus Madrid.	ماریا اهل مادرید است.
	mâryâ ahle mâdrid ast.
Madrid liegt in Spanien.	مادرید در اسپانیا قرار دارد.
	mâdrid dar espâniâ gharâr dârad,
Sie spricht Spanisch.	او اسپانیایی صحبت میکند.
	oo espâni-â-i sohbat mikonad.
Peter und Martha sind aus Berlin.	پیتر و مارتا اهل برلین هستند.
	peter va mârtâ ahle berlin hastand.
Berlin liegt in Deutschland.	برلین در آلمان قرار دارد.
	berlin dar âlmân gharâr dârad.
Sprecht ihr beide Deutsch?	هر دوی شما آلمانی صحبت میکنید؟
	har do-ye shomâ âlmâni sohbat mikonid?

Länder und Sprachen

کشورها و زبانها

keshvar-hâ va zabân-hâ

London ist eine Hauptstadt.

لندن یک پایتخت است.

landan yek pâyetakht ast.

Madrid und Berlin sind auch Hauptstädte.

مادرید و برلین هم پایتخت هستند.

mâdrid va berlin ham pâyetakht hastand.

Die Hauptstädte sind groß und laut.

پایتخت ها بزرگ و پر سروصدا هستند.

pâyetakht-hâ bozorg va por sar-o sedâ hastand.

Frankreich liegt in Europa.

فرانسه در اروپا قرار دارد.

farânce dar orupâ gharâr dârad.

Ägypten liegt in Afrika.

مصر در آفریقا قرار دارد.

mesr dar âfrighâ gharâr dârad.

Japan liegt in Asien.

ژاپن در آسیا قرار دارد.

jâpon dar âsiâ gharâr dârad.

Kanada liegt in Nordamerika.

کانادا در آمریکای شمالی قرار دارد.

kânâdâ dar âmirikâ-ye shomâli gharâr dârad.

Panama liegt in Mittelamerika.

پاناما در آمریکای مرکزی قرار دارد.

pânâmâ dar âmrikâ-ye markazi gharâr dârad.

Brasilien liegt in Südamerika.

برزیل در آمریکای جنوبی قرار دارد.

berezil dar âmrikâ-ye jonubi gharâr dârad.

Lesen und
schreiben

خواندن و نوشتن
khândan va neveshtan

Ich lese.	.من ميخوانم man mikhânam.
Ich lese einen Buchstaben.	.من يک حرف الفبا را ميخوانم man yek harfe alefbâ râ mikhânam.
Ich lese ein Wort.	.من يک کلمه را ميخوانم man yek kaleme râ mikhânam.
Ich lese einen Satz.	.من يک جمله را ميخوانم man yek jomle râ mikhânam.
Ich lese einen Brief.	.من يک نامه را ميخوانم man yek nâme râ mikhânam.
Ich lese ein Buch.	.من يک کتاب ميخوانم man yek ketâb mikhânam.
Ich lese.	.من ميخوانم man mikhânam.
Du liest.	.تو ميخوانى to mikhâni.
Er liest.	.او (مرد) ميخواند oo mikhânad.

Lesen und schreiben

خواندن و نوشتن
khândan va neveshtan

Ich schreibe.	من مینویسم. man minevisam.
Ich schreibe einen Buchstaben.	من یک حرف الفبا را مینویسم. man yek harfe alefbâ râ minevisam.
Ich schreibe ein Wort.	من یک کلمه را مینویسم. man yek kaleme râ minevisam.
Ich schreibe einen Satz.	من یک جمله را مینویسم. man yek jomle râ minevisam.
Ich schreibe einen Brief.	من یک نامه مینویسم. man yek nâme râ minevisam.
Ich schreibe ein Buch.	من یک کتاب می نویسم. man yek ketâb minevisam.
Ich schreibe.	من می نویسم. man minevisam.
Du schreibst.	تو می نویسی. to minevisi.
Er schreibt.	او (مرد) می نویسد. oo (mard) minevisad.

7 [sieben]

Zahlen

[هفت] 7
7 [haft]

اعداد
a-adâd

Ich zähle:

eins, zwei, drei

Ich zähle bis drei.

:من می شمارم
man mishomâram:
یک ، دو ، سه
yek, do, se
من تا سه می شمارم.
man tâ se mishomâram.

Ich zähle weiter:

vier, fünf, sechs,

sieben, acht, neun

:من به شمارش ادامه می دهم
man be shomâresh edâme mide-ham:
چهار، پنج، شش،
cha-hâr, panj, shesh
هفت، هشت، نه،
haft, hasht, noh

Ich zähle.

Du zählst.

Er zählt.

من می شمارم.
man mishomâram.
تو می شماری.
to mishomâri.
او (مرد) می شمارد.
oo (mard) mishomârad.

Eins. Der Erste.

یک، اول.
yek, avval

Zwei. Der Zweite.

دو، دوم.
do, dovvom

Drei. Der Dritte.

سه، سوم.
se, sevvom

Vier. Der Vierte.

چهار، چهارم.
cha-hâr, cha-hârom

Fünf. Der Fünfte.

پنج، پنجم.
panj, panjom

Sechs. Der Sechste.

شش، ششم.
shesh, sheshom

Sieben. Der Siebte.

هفت، هفتم.
haft, haftom

Acht. Der Achte.

هشت، هشتم.
hasht, hashtom

Neun. Der Neunte.

نه، نهم.
noh, nohom

Uhrzeiten

ساعات روز
sâ-âte rooz

Entschuldigen Sie!	معذرت می خواهم! ma-azerat mikhâ-ham!
Wie viel Uhr ist es, bitte?	ساعت چند است؟ sâ-at chand ast?
Danke vielmals.	بسیار سپاسگزارم. besyâr sepâs-gozâram.
Es ist ein Uhr.	ساعت یک است. sâ-at yek ast.
Es ist zwei Uhr.	ساعت دو است. sâ-at do ast.
Es ist drei Uhr.	ساعت سه است. sâ-at se ast.
Es ist vier Uhr.	ساعت چهار است. sâ-at cha-hâr ast.
Es ist fünf Uhr.	ساعت پنج است. sâ-at panj ast.
Es ist sechs Uhr.	ساعت شش است. sâ-at shesh ast.

Uhrzeiten

ساعات روز
sâ-âte rooz

Es ist sieben Uhr.	ساعت هفت است. sâ-at haft ast.
Es ist acht Uhr.	ساعت هشت است. sâ-at hasht ast.
Es ist neun Uhr.	ساعت نه است. sâ-at noh ast.
Es ist zehn Uhr.	ساعت ده است. sâ-at dah ast.
Es ist elf Uhr.	ساعت یازده است. sâ-at yâzdah ast.
Es ist zwölf Uhr.	ساعت دوازده است. sâ-at davâzdah ast.
Eine Minute hat sechzig Sekunden.	یک دقیقه شصت ثانیه دارد. yek daghighe shast sânie dârad.
Eine Stunde hat sechzig Minuten.	یک ساعت شصت دقیقه دارد. yek sâ-at shast daghighe dârad.
Ein Tag hat vierundzwanzig Stunden.	یک روز بیست و چهار ساعت دارد. yek rooz bist o cha-hâr sâ-at dârad

Wochentage

روزهای هفته
rooz-hâye hafte

der Montag	دوشنبه do-shanbe
der Dienstag	سه شنبه se-shanbe
der Mittwoch	چهارشنبه cha-hâr-shanbe
der Donnerstag	پنج شنبه panj-shanbe
der Freitag	جمعه jom-e
der Samstag	شنبه shanbe
der Sonntag	یکشنبه yek-shanbe
die Woche	هفته hafte
von Montag bis Sonntag	از دوشنبه تا یکشنبه az do-shanbe tâ yek-shanbe

9 [neun]

Wochentage

9 [نه]
9 [noh]

روزهای هفته
rooz-hâye hafte

Der erste Tag ist Montag.

Der zweite Tag ist Dienstag.

Der dritte Tag ist Mittwoch.

Der vierte Tag ist Donnerstag.

Der fünfte Tag ist Freitag.

Der sechste Tag ist Samstag.

Der siebte Tag ist Sonntag.

Die Woche hat sieben Tage.

Wir arbeiten nur fünf Tage.

اولین روز دوشنبه است.
avalin rooz do-shanbe ast.

دومین روز سه شنبه است.
dovomin rooz se-shanbe ast.

سومین روز چهارشنبه است.
sevomin rooz cha-hâr-shanbe ast.

چهارمین روز پنج شنبه است.
cha-hâromin rooz panj-shanbe ast.

پنجمین روز جمعه است.
panjomin rooz jom-e ast.

ششمین روز شنبه است.
sheshomin rooz shanbe ast.

هفتمین روز یکشنبه است.
haftomin rooz yek-shanbe ast.

هفته هفت روز دارد.
hafte haft rooz dârad.

ما فقط پنج روز کار میکنیم.
mâ faghat panj rooz kâr mikonim.

Gestern – heute – morgen

دیروز – امروز – فردا

dirooz - emrooz - fardâ

Gestern war Samstag.

دیروز شنبه بود.

dirooz shanbe bud.

Gestern war ich im Kino.

من دیروز سینما بودم.

man dirooz sinemâ budam.

Der Film war interessant.

فیلم جالبی بود.

filme jâlebi bud.

Heute ist Sonntag.

امروز یکشنبه است.

emrooz yek-shanbe ast.

Heute arbeite ich nicht.

من امروز کار نمیکنم.

man emrooz kâr nemikonam.

Ich bleibe zu Hause.

من امروز در خانه می مانم.

man emrooz dar khâne mimânam.

Morgen ist Montag.

فردا دوشنبه است.

fardâ do-shanbe ast.

Morgen arbeite ich wieder.

من فردا دوباره کار می کنم.

man fardâ dobâre kâr mikonam.

Ich arbeite im Büro.

من در اداره کار میکنم.

man dar edâre kâr mikonam.

⇨

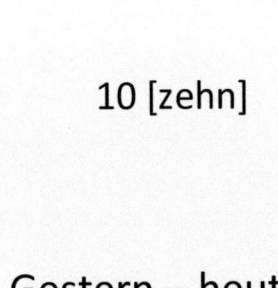

Gestern – heute – morgen

دیروز – امروز – فردا
dirooz - emrooz - fardâ

Wer ist das?	او کیست؟ oo kist?
Das ist Peter.	او پیتر است. oo peter ast.
Peter ist Student.	پیتر دانشجو است. peter dâneshju ast.
Wer ist das?	او کیست؟ oo kist?
Das ist Martha.	او مارتا است. oo mârtâ ast.
Martha ist Sekretärin.	مارتا منشی است. mârtâ monshi ast.
Peter und Martha sind Freunde.	پیتر و مارتا با هم دوست هستند. peter va mârtâ bâ ham doost hastand.
Peter ist der Freund von Martha.	پیتر دوست پسر مارتا است. peter doost pesar-e mârtâ ast.
Martha ist die Freundin von Peter.	مارتا دوست دختر پیتر است. mârtâ doost dochtar-e peter ast.

11 [elf]

Monate

ماه‌ها
mâh-hâ

der Januar ژانویه
jânvie

der Februar فوریه
fevrie

der März مارس
mârs

der April آوریل
âvril

der Mai مه
meh

der Juni ژوئن
ju-an

Das sind sechs Monate. اینها شش ماه هستند.
inhâ shesh mâh hastand

Januar, Februar, März, ژانویه، فوریه، مارس،
jânvie, fevrie, mârs

April, Mai und Juni. آوریل، مه، ژوئن.
âvril, meh, ju-an

21

11 [elf]

Monate

11 [یازده]
11 [yâz-dah]

ماه‌ها
mâh-hâ

der Juli

ژوئیه
ju-e-ye

der August

آگوست (اوت)
âgust (ut)

der September

سپتامبر
septâmbr

der Oktober

اکتبر
oktobr

der November

نوامبر
novâmbr

der Dezember

دسامبر
desâmbr

Das sind auch sechs Monate.

اینها هم شش ماه هستند.
inhâ ham shesh mâh hastand.

Juli, August, September,

ژوئیه، آگوست، سپتامبر،
ju-e-ye, âgust, septâmbr

Oktober, November und Dezember.

اکتبر، نوامبر، دسامبر.
oktobr, novâmbr, desâmbr

Getränke

نوشیدنیها
nu-shi-dani-hâ

Ich trinke Tee.	من چای می نوشم.
	man châye minusham.
Ich trinke Kaffee.	من قهوه می نوشم.
	man ghahve minusham.
Ich trinke Mineralwasser.	من آب معدنی می نوشم.
	man âb ma-e-dani minusham.
Trinkst du Tee mit Zitrone?	تو چای را با لیمو می نوشی؟
	to châye râ bâ limu minushi?
Trinkst du Kaffee mit Zucker?	تو قهوه را با شکر می نوشی؟
	to ghahve râ bâ shekar minushi?
Trinkst du Wasser mit Eis?	تو آب را با یخ می نوشی؟
	to âb râ bâ yakh minushi?
Hier ist eine Party.	اینجا یک مهمانی است.
	injâ yek mehmâni ast.
Die Leute trinken Sekt.	مردم شامپاین می نوشند.
	mardom shâmpâin minushand.
Die Leute trinken Wein und Bier.	مردم شراب و آبجو می نوشند.
	mardom sharâb va âbe-jo minushand.

Getränke

Trinkst du Alkohol?

تو الکل می نوشی؟
to alkol minushi?

Trinkst du Whisky?

تو ویسکی می نوشی؟
to viski minushi?

Trinkst du Cola mit Rum?

تو نوشابه و رام می نوشی؟
to nushâbe va râm minushi?

Ich mag keinen Sekt.

من شامپاین دوست ندارم.
man shâmpâin doost nadâram.

Ich mag keinen Wein.

من شراب دوست ندارم.
man sharâb doost nadâram.

Ich mag kein Bier.

من آبجو دوست ندارم.
man âbe-jo doost nadâram.

Das Baby mag Milch.

بچه شیر دوست دارد.
bache shir doost dârad.

Das Kind mag Kakao und Apfelsaft.

بچه کاکائو و آب سیب دوست دارد.
bache kâkâ-oo va âbe sib doost dârad.

Die Frau mag Orangensaft und
Grapefruitsaft.

آن خانم آب پرتقال و آب گریپ فروت دوست دارد.
ân khânom âb porteghâl va âb-e grib-frot doost dârad.

Tätigkeiten

فعالیتها
fa-âl-liat-hâ

Was macht Martha?	مارتا چکار می کند؟
	mârtâ che-kâr mikonad?
Sie arbeitet im Büro.	او در اداره کار می کند.
	oo dar edâre kâr mikonad.
Sie arbeitet am Computer.	او با کامپیوتر کار می کند.
	oo bâ kâmputer kâr mikonad.
Wo ist Martha?	مارتا کجاست؟
	mârtâ kojâst?
Im Kino.	در سینما.
	dar sinemâ.
Sie schaut sich einen Film an.	او یک فیلم تماشا می کند.
	oo yek film tamâshâ mikonad.
Was macht Peter?	پیتر چکار می کند؟
	peter che-kâr mikonad?
Er studiert an der Universität.	او در دانشگاه تحصیل می کند.
	oo dar dânesh-gâh tahsil mikonad.
Er studiert Sprachen.	او در رشته زبان تحصیل می کند.
	oo dar reshte-ye zabân tahsil mikonad.

Tätigkeiten

فعالیتها
fa-âl-liat-hâ

Wo ist Peter?	پیتر کجاست؟
	peter kojâst?
Im Café.	در کافه.
	dar kâfe.
Er trinkt Kaffee.	او (مرد) قهوه می نوشد.
	oo (mard) ghah-ve minushad.

Wohin gehen sie gern?	کجا دوست دارند بروند؟
	kojâ doost dârand beravand?
Ins Konzert.	به کنسرت.
	be konsert.
Sie hören gern Musik.	آنها به شنیدن موسیقی علاقه مندند.
	ânhâ be shanidane musighi alâghe-mandand.

Wohin gehen sie nicht gern?	به کجا دوست ندارند بروند؟
	be kojâ doost nadârand beravand?
In die Disco.	به دیسکو.
	be disco.
Sie tanzen nicht gern.	آنها به رقصیدن علاقه ندارند.
	ânhâ be raghsidan alâghe nadârand.

Farben

رنگ ها
rang-hâ

Der Schnee ist weiß.	برف سفید است. barf sefid ast.
Die Sonne ist gelb.	خورشید زرد است. khorshid zard ast.
Die Orange ist orange.	پرتقال نارنجی است. porteghâl nârenji ast.
Die Kirsche ist rot.	گیلاس قرمز است. gilâs ghermez ast.
Der Himmel ist blau.	آسمان آبی است. âsemân âbi ast.
Das Gras ist grün.	چمن سبز است. chaman sabz ast.
Die Erde ist braun.	خاک قهوه ای است. khâk ghah-ve-i ast.
Die Wolke ist grau.	ابر خاکستری است. abr khâkestari ast.
Die Reifen sind schwarz.	لاستیک ها سیاه هستند. lâstik-hâ siâh hastand.

Farben

رنگ ها
rang-hâ

Welche Farbe hat der Schnee? Weiß.

برف چه رنگی است؟ سفید.
barf che rangi ast? Sefid.

Welche Farbe hat die Sonne? Gelb.

خورشید چه رنگی است؟ زرد.
khorshid che rangi ast? Zard.

Welche Farbe hat die Orange? Orange.

پرتقال چه رنگی است؟ نارنجی.
porteghâl che rangi ast? Nârenji.

Welche Farbe hat die Kirsche? Rot.

گیلاس چه رنگی است؟ قرمز .
gilâs che rangi ast? Ghermez.

Welche Farbe hat der Himmel? Blau.

آسمان چه رنگی است؟ آبی.
âsemân che rangi ast? Âbi.

Welche Farbe hat das Gras? Grün.

چمن چه رنگی است؟سبز .
chaman che rangi ast? Sabz.

Welche Farbe hat die Erde? Braun.

خاک چه رنگی است؟ قهوه ای.
khâk che rangi ast? Ghah-ve-i.

Welche Farbe hat die Wolke? Grau.

ابر چه رنگی است؟ خاکستری.
abr che rangi ast? Khâkestari.

Welche Farbe haben die Reifen? Schwarz.

لاستیک ها چه رنگی هستند؟ سیاه.
lâstik-hâ che rangi hastand? Si-yâh.

Früchte und Lebensmittel

میوه ها و مواد غذایی
mive-hâ va mavâde gazâee

Ich habe eine Erdbeere.	من یک توت فرنگی دارم.
	man yek toot farangi dâram.
Ich habe eine Kiwi und eine Melone.	من یک کیوی و یک خربزه دارم.
	man yek kivi va yek khar-boze dâram.
Ich habe eine Orange und eine Grapefruit.	من یک پرتقال و یک گریپ فروت دارم.
	man yek porteghâl va yek grip-forut dâram.

Ich habe einen Apfel und eine Mango.	من یک سیب و یک انبه دارم.
	man yek sib va yek anbe dâram.
Ich habe eine Banane und eine Ananas.	من یک موز و یک آناناس دارم.
	man yek moze va yek ânânâs dâram.
Ich mache einen Obstsalat.	من یک سالاد میوه درست می کنم.
	man yek sâlâde mive dorost mikonam.

Ich esse einen Toast.	من یک نان تست می خورم.
	man yek nâne tost mikhoram.
Ich esse einen Toast mit Butter.	من نان تست با کره می خورم.
	man nâne tost bâ kare mikhoram.
Ich esse einen Toast mit Butter und Marmelade.	من یک نان تست با کره و مربا می خورم.
	man yek nâne tost bâ kare va morabâ mikhoram.

Früchte und Lebensmittel

میوه ها و مواد غذایی
mive-hâ va mavâde gazâee

Ich esse ein Sandwich.	من یک ساندویچ می خورم.
	man yek sândevich mikhoram.
Ich esse ein Sandwich mit Margarine.	من یک ساندویچ با مارگارین می خورم.
	man yek sândewich bâ mârgârin mikhoram.
Ich esse ein Sandwich mit Margarine und Tomate.	من ساندویچ با مارگارین و گوجه فرنگی می خورم.
	man sândewich bâ mârgârin va goje farangi mikhoram.
Wir brauchen Brot und Reis.	ما نان و برنج لازم داریم.
	mâ nân va berenj lâzem dârim.
Wir brauchen Fisch und Steaks.	ما ماهی و استیک لازم داریم.
	mâ mâhi va estek lâzem dârim.
Wir brauchen Pizza und Spagetti.	ما پیتزا و اسپاگتی لازم داریم.
	mâ pitzâ va espâgeti lâzem dârim.
Was brauchen wir noch?	ما چه چیز دیگری لازم داریم؟
	mâ che chizi digari lâzem dârim?
Wir brauchen Karotten und Tomaten für die Suppe.	ما برای سوپ هویج و گوجه فرنگی لازم داریم.
	mâ barâye sup havij va goje farangi lâzem dârim.
Wo ist ein Supermarkt?	سوپرمارکت کجاست؟
	super mârket kojâst?

Jahreszeiten und Wetter

فصل های سال و آب و هوا

fasl-hâye sâl va âb o havâ

Das sind die Jahreszeiten:	این ها فصل های سال هستند:
	in-hâ fasl-hâye sâl hastand:
Der Frühling, der Sommer,	بهار، تابستان،
	bahâr, tâbestân
der Herbst und der Winter.	پائیز و زمستان.
	pâiz va zemestân
Der Sommer ist heiß.	تابستان گرم است.
	tâbestân garm ast.
Im Sommer scheint die Sonne.	در تابستان خورشید می تابد.
	dar tâbestân khor-shid mi-tâbad.
Im Sommer gehen wir gern spazieren.	در تابستان دوست داریم پیاده روی کنیم.
	dar tâbestân doost dârim piâde ravi konim.
Der Winter ist kalt.	زمستان سرد است.
	zemestân sard ast.
Im Winter schneit oder regnet es.	در زمستان برف یا باران می بارد.
	dar zemestân barf yâ bârân mibârad.
Im Winter bleiben wir gern zu Hause.	در زمستان بیشتر دوست داریم در خانه بمانیم.
	dar zemestân bish-tar doost dârim dar khâne bemânim.

Jahreszeiten und Wetter

فصل های سال و آب و هوا
fasl-hâye sâl va âb o havâ

Es ist kalt.	سرد است. sard ast.
Es regnet.	باران می بارد. bârân mibârad.
Es ist windig.	باد می وزد. bâd mi-vazad.
Es ist warm.	گرم است. garm ast.
Es ist sonnig.	آفتابی است. âftâbi ast.
Es ist heiter.	هوا صاف است. havâ sâf ast.
Wie ist das Wetter heute?	هوا امروز چطور است؟ havâ emrooz chetor ast?
Es ist kalt heute.	امروز سرد است. emrooz sard ast.
Es ist warm heute.	امروز گرم است. emrooz garm ast.

Im Haus

در خانه
dar khâne.

Hier ist unser Haus.

اینجا خانه ماست.
injâ khâne-ye mast.

Oben ist das Dach.

بالا پشت بام است.
bâlâ poshte bâm ast.

Unten ist der Keller.

پائین زیرزمین است.
pâin zir-zamin ast.

Hinter dem Haus ist ein Garten.

پشت خانه یک باغ است.
poshte khane yek bâgh ast.

Vor dem Haus ist keine Straße.

جلوی خانه خیابانی نیست.
jeloye khâne khiâbâni nist.

Neben dem Haus sind Bäume.

کنار خانه درختانی هست.
kenâre khâne derakh-tâni hastand.

Hier ist meine Wohnung.

اینجا آپارتمان من است.
injâ âpârtemâne man ast.

Hier ist die Küche und das Bad.

اینجا آشپزخانه و حمام است.
injâ âsh-paz-khâne va hammâm ast.

Dort sind das Wohnzimmer und das Schlafzimmer.

آنجا اتاق نشیمن و اتاق خواب است.
ânjâ otâghe neschiman va otâghe khâb ast.

Im Haus

در خانه
dar khâne.

Die Haustür ist geschlossen.

درب خانه بسته است.
darbe khâne baste ast.

Aber die Fenster sind offen.

اما پنجره ها باز است.
ammâ panjere-hâ bâz hastand.

Es ist heiß heute.

امروز خیلی گرم است.
emrooz khyli garm ast.

Wir gehen in das Wohnzimmer.

ما به اتاق نشیمن می رویم.
mâ be otâghe neshiman miravim.

Dort sind ein Sofa und ein Sessel.

آنجا یک کاناپه و یک مبل قرار دارند.
ânjâ yek kânâpe va yek mobl gharâr dârand.

Setzen Sie sich!

بفرمایید!
befarmâ-id!

Dort steht mein Computer.

آنجا کامپیوتر من قرار دارد.
ânjâ kâmputer-e man gharâr dârad.

Dort steht meine Stereoanlage.

آنجا دستگاه استریوی من قرار دارد.
ânjâ dastgâhe esterio-ye man gharâr dârad.

Der Fernseher ist ganz neu.

تلویزیون کاملاً نو است.
televi-zion kâmelan no ast.

Hausputz

نظافت خانه
nezâfate khâne

Heute ist Samstag.	.امروز شنبه است emrooz shanbe ast.
Heute haben wir Zeit.	.ما امروز وقت داریم mâ emrooz vaght dârim.
Heute putzen wir die Wohnung.	.امروز آپارتمان را تمیز می کنیم emrooz âpârtemân râ tamiz mikonim.
Ich putze das Bad.	.من حمام را تمیز می کنم man hammâm râ tamiz mikonam.
Mein Mann wäscht das Auto.	.شوهرم اتومبیل را می شوید show-haram otomobil râ mishu-yad.
Die Kinder putzen die Fahrräder.	.بچه ها دوچرخه ها را تمیز می کنند bache-hâ do-char-khe-hâ râ tamiz miko-nand.
Oma gießt die Blumen.	.مادربزرگ به گلها آب می دهد mâdar-bozorg be golhâ âb mi-dahad.
Die Kinder räumen das Kinderzimmer auf.	.بچه ها اطاقشان را تمیز می کنند bache-hâ otâghe-shân râ tamiz miko-nand.
Mein Mann räumt seinen Schreibtisch auf.	.شوهرم میز تحریرش را مرتب می کند show-haram mize tahri-rash râ moratab mikonad.

Hausputz

نظافت خانه
nezâfate khâne

Ich stecke die Wäsche in die Waschmaschine.

من لباسها را درون ماشین لباس شوئی می ریزم.
man lebâs-hâ râ darune mâshine lebâs-shui mirizam.

Ich hänge die Wäsche auf.

من لباسها را آویزان می کنم.
man lebâs-hâ râ âvizân mikonam.

Ich bügele die Wäsche.

من لباسها را اتو می کنم.
man lebâs-hâ râ otu mikonam.

Die Fenster sind schmutzig.

پنجره ها کثیف است.
panjere-hâ kasif hastand.

Der Fußboden ist schmutzig.

کف اطاق کثیف است.
kafe otâgh kasif ast.

Das Geschirr ist schmutzig.

ظرفها کثیف است.
zarf-hâ kasif ast.

Wer putzt die Fenster?

کی پنجره ها را تمیز می کند؟
ki panjere-hâ râ tamiz mikonad?

Wer saugt Staub?

کی جارو می کند؟
ki jâru mikonad?

Wer spült das Geschirr?

کی ظرفها را می شوید؟
ki zarf-hâ râ mi-shu-yad?

In der Küche

در آشپزخانه

dar âsh-paz-khâne

Hast du eine neue Küche?	تو یک آشپزخانه جدید داری؟
	to yek âsh-paz-khâne-ye jadid dâri?
Was willst du heute kochen?	امروز چه غذایی میخواهی بپزی؟
	emrooz che ghazâi mikhâ-hi be-pazi?
Kochst du elektrisch oder mit Gas?	تو با برق یا با گاز غذا می پزی؟
	to bâ bargh yâ bâ gâz ghazâ mipazi?
Soll ich die Zwiebeln schneiden?	پیازها را قاچ کنم؟
	piâz-hâ râ ghârch konam?
Soll ich die Kartoffeln schälen?	سیب زمینی ها را پوست بکنم؟
	sib-zamini-hâ râ poost be-kanam?
Soll ich den Salat waschen?	کاهو را بشویم؟
	kâhu râ be-shu-yam?
Wo sind die Gläser?	لیوانها کجا هستند؟
	livân-hâ kojâ hastand?
Wo ist das Geschirr?	ظرفها کجا هست؟
	zarf-hâ kojâ hastand?
Wo ist das Besteck?	قاشق و چنگال و کارد کجا هست؟
	ghâ-shogh va changâl va kârd kojâ hastand?

In der Küche

در آشپزخانه
dar âsh-paz-khâne

Hast du einen Dosenöffner?	تو یک درب بازکن قوطی داری؟ to yek darb-bâz-kone ghuti dâri?
Hast du einen Flaschenöffner?	تو یک درب بازکن بطری داری؟ to yek darb-bâz-kone botri dâri?
Hast du einen Korkenzieher?	تو یک چوب پنبه کش داری؟ to yek chub-panbe-kesh dâri?
Kochst du die Suppe in diesem Topf?	تو توی این قابلمه سوپ می پزی؟ to tooye in ghâblame sup mipazi?
Brätst du den Fisch in dieser Pfanne?	تو ماهی را در این ماهی تابه سرخ می کنی؟ to mâhi râ dar in mâhi-tâbe sorkh mikoni?
Grillst du das Gemüse auf diesem Grill?	تو سبزی را با گریل کباب می کنی؟ to sabzi râ bâ geril kabâb mikoni?
Ich decke den Tisch.	من میز را می چینم. man miz râ mi-chinam.
Hier sind die Messer, Gabeln und Löffel.	کاردها، چنگال ها و قاشق ها اینجا هستند. kârd-hâ, changâl-hâ va ghâ-shogh-hâ injâ hastand.
Hier sind die Gläser, die Teller und die Servietten.	لیوانها، بشقابها و دستمال سفره ها اینجا هستند. livân-hâ, boshghâb-hâ va dastmâl sofreh-hâ injâ hastand.

Small Talk 1

گفتگوی کوتاه ۱
goftogooye kutâhe yek

Machen Sie es sich bequem!	راحت باشید! râhat bâshid!
Fühlen Sie sich wie zu Hause!	منزل خودتان است. manzele khodetân ast.
Was möchten Sie trinken?	چه میل دارید بنوشید؟ che mail dârid benushid?
Lieben Sie Musik?	موسیقی دوست دارید؟ musighi doost dârid?
Ich mag klassische Musik.	من موسیقی کلاسیک دوست دارم. man musighi-e kelâsik doost dâram.
Hier sind meine CDs.	اینها سی دی های من است. inhâ CD hâye man hastand.
Spielen Sie ein Instrument?	شما ساز می نوازید؟ shomâ sâz minawozid?
Hier ist meine Gitarre.	این گیتار من است. in gitâre man ast.
Singen Sie gern?	شما به آواز خواندن علاقه دارید؟ shomâ be âvâz khân-dan alâghe dârid?

Small Talk 1

گفتگوی کوتاه ۱
goftogooye kutâhe yek

Haben Sie Kinder?

Haben Sie einen Hund?

Haben Sie eine Katze?

Hier sind meine Bücher.

Ich lese gerade dieses Buch.

Was lesen Sie gern?

Gehen Sie gern ins Konzert?

Gehen Sie gern ins Theater?

Gehen Sie gern in die Oper?

شما فرزند دارید؟
shomâ farzand dârid?

شما سگ دارید؟
shomâ sag dârid?

شما گربه دارید؟
shomâ gorbe dârid?

اینها کتاب های من هست.
inhâ ketâb-hâye man hastand.

من الان دارم این کتاب را می خوانم.
man al-ân dâram in ketâb râ mikhânam.

در چه حوزه ای مطالعه دارید؟
dar che ho-ze-i motâle-e dârid?

شما علاقه مند به کنسرت رفتن هستید؟
shomâ alâ-ghe-mand be konsert raftan hastid?

شما علاقه مند به تئاتر رفتن هستید؟
shomâ alâ-ghe-mand be tâ-âtr raftan hastid?

شما علاقه مند به اپرا رفتن هستید؟
shomâ alâ-ghe-mand be operâ raftan hastid?

Small Talk 2

گفتگوی کوتاه ۲
goftogooye kutâhe 2

Woher kommen Sie?	شما از کجا می آیید؟ shomâ az kojâ mi-âyid?
Aus Basel.	از بازل. az bâzel.
Basel liegt in der Schweiz.	بازل در سوییس قرار دارد. bâzel dar suis gharâr dârad.

Darf ich Ihnen Herrn Müller vorstellen?	می توانم آقای مولر را به شما معرفی کنم؟ mitavânam âghâye muler râ be shomâ mo-a-refi konam?
Er ist Ausländer.	او خارجی است. oo khâreji ast.
Er spricht mehrere Sprachen.	او به چندین زبان تسلط دارد. oo be chan-din zabân tasalot dârad.

Sind Sie zum ersten Mal hier?	شما برای اولین بار اینجا هستید؟ shomâ barâye av-valin bâr injâ hastid?
Nein, ich war schon letztes Jahr hier.	نه، من سال گذشته هم اینجا بودم. na, man sâle ghozashte ham injâ budam.
Aber nur eine Woche lang.	اما تنها یک هفته. ammâ tanhâ yek hafte.

Small Talk 2

Wie gefällt es Ihnen bei uns?

از اینجا خوشتان می آید؟
az injâ khoshetân mi-ayad?

Sehr gut. Die Leute sind nett.

بسیار. مردم مهربان هستند.
besiâr. mardom mehrabân hastand.

Und die Landschaft gefällt mir auch.

از مناظر اینجا هم خوشم می آید.
az manâzere injâ ham kho-sham mi-âyad.

Was sind Sie von Beruf?

شغل شما چیست؟
shoghle shomâ chist?

Ich bin Übersetzer.

من مترجم هستم.
man motarjem hastam.

Ich übersetze Bücher.

من کتاب ترجمه می کنم.
man ketâb tarjome mikonam.

Sind Sie allein hier?

شما اینجا تنها هستید؟
shomâ injâ tanhâ hastid?

Nein, meine Frau / mein Mann ist auch
hier.

نه، خانمم / شوهرم هم اینجاست.
na, khânomam / show-haram ham injâst.

Und dort sind meine beiden Kinder.

و دو فرزندم آنجا هستند.
va do farzandam ânjâ hastand.

Small Talk 3

گفتگوی کوتاه ۳
goftogooye kutâhe 3

Rauchen Sie?	شما سیگار می کشید؟ shomâ sigâr mikeshid?
Früher ja.	در گذشته، بله. dar gozashte, bale.
Aber jetzt rauche ich nicht mehr.	اما حالا دیگر سیگار نمی کشم. ammâ hâlâ digar sigâr ne-mikesham.
Stört es Sie, wenn ich rauche?	اذیت می شوید اگر من سیگار بکشم؟ azi-yat mishavid agar man sigâr bekesham?
Nein, absolut nicht.	نه، مطلقاً نه. na, motlaghan na.
Das stört mich nicht.	مزاحمتی برای من نیست. mozâhemati barâye man nist.
Trinken Sie etwas?	شما چیزی می نوشید؟ shomâ chizi mi-nushid?
Einen Cognac?	یک گیلاس کنیاک؟ yek gilâs konyâk?
Nein, lieber ein Bier.	نه، ترجیح میدهم یک آبجو بنوشم. na, tarjih midaham yek âbe-jo benusham.

Small Talk 3

گفتگوی کوتاه ۳
goftogooye kutâhe 3

Reisen Sie viel?

شما زیاد مسافرت می کنید؟
shomâ ziâd mosâferat mikonid?

Ja, meistens sind das Geschäftsreisen.

بله، البته اکثرا سفر های کاری.
bale, albate aksaran safar-hâye kâri.

Aber jetzt machen wir hier Urlaub.

اما حالا اینجا تعطیلاتمان را می گذرانیم.
ammâ hâlâ injâ ta-atilâtemân râ migoza-rânim.

Was für eine Hitze!

اینجا چقدر گرم است.
injâ cheghadr garm ast.

Ja, heute ist es wirklich heiß.

بله امروز واقعاً گرم است.
bale emrooz vâghe-an garm ast.

Gehen wir auf den Balkon.

برویم روی بالکن.
beravim rooye bâlkon.

Morgen gibt es hier eine Party.

فردا اینجا یک مهمانی برگزار می شود.
fardâ injâ yek mehmâni bargozâr mishavad.

Kommen Sie auch?

شما هم می آیید؟
shomâ ham mi-âyid?

Ja, wir sind auch eingeladen.

بله، ما هم دعوت شده ایم.
bale mâ ham da-avat shode-im.

Fremdsprachen lernen

یادگیری زبانهای خارجی

yâdgiri-e zabân-hâye khareji

Wo haben Sie Spanisch gelernt?	شما کجا اسپانیائی یاد گرفتید؟
	shomâ kojâ espâniâ-i yâd gereftid?
Können Sie auch Portugiesisch?	پرتقالی هم بلدید؟
	porteghâli ham baladid?
Ja, und ich kann auch etwas Italienisch.	بله، ایتالیایی هم قدری بلدم.
	bale, itâliâ-i ham ghadri baladam.

Ich finde, Sie sprechen sehr gut.	به نظر من شما خیلی خوب صحبت می کنید.
	be nazare man shomâ khyli khub sohbat mikonid.
Die Sprachen sind ziemlich ähnlich.	زبان ها تا حد زیادی شبیه هم هستند.
	zabân-hâ tâ hade ziâdi shabih-e ham hastand.
Ich kann sie gut verstehen.	من آنها (زبانها) را خوب متوجه می شوم.
	man ânhâ (zabân-hâ) râ khub motevajeh mishavam.

Aber sprechen und schreiben ist schwer.	اما صحبت کردن و نوشتن مشکل است.
	ammâ sohbat kardan va neveshtan moshkel ast.
Ich mache noch viele Fehler.	من هنوز خیلی اشتباه می کنم.
	man hanuz khyli eshtebâh mikonam.
Bitte korrigieren Sie mich immer.	لطفاً هربار مرا تصحیح کنید.
	lotfan har bâr marâ tas-hih konid.

Fremdsprachen lernen

یادگیری زبانهای خارجی

yâdgiri-e zabân-hâye khareji

Ihre Aussprache ist ganz gut.	تلفظ شما خیلی خوب است.
	talafoze shomâ khyli khub ast.
Sie haben einen kleinen Akzent.	فقط کمی لهجه دارید.
	faghat kami lahje dârid.
Man erkennt, woher Sie kommen.	می توان فهمید اهل کجا هستید.
	mitavân fahmid ahle kojâ hastid.
Was ist Ihre Muttersprache?	زبان مادری شما چیست؟
	zabâne mâdari-e shomâ chist?
Machen Sie einen Sprachkurs?	شما به کلاس زبان می روید؟
	shomâ be kelâse zabân mi-ravid?
Welches Lehrwerk benutzen Sie?	از کدام کتاب درسی استفاده می کنید؟
	az kodâm ketâbe darsi estefâde mikonid?
Ich weiß im Moment nicht, wie das heißt.	الان نمی دانم اسم آن چیست.
	al-ân nemidânam esme ân chist.
Mir fällt der Titel nicht ein.	عنوان کتاب یادم نمی آید.
	onvâne ketâb yâdam nemi-âyad.
Ich habe das vergessen.	نام آن را فراموش کرده ام.
	nâme ân râ farâmush karde-am.

Verabredung

قرار ملاقات
gharâre molâghât

Hast du den Bus verpasst?	به اتوبوس نرسیدی؟ be otobus naresidi?
Ich habe eine halbe Stunde auf dich gewartet.	من نیم ساعت منتظر تو بودم. man nim sâ-at montazere to budam.
Hast du kein Handy bei dir?	تلفن همراه با خودت نداری؟ telephone hamrâh bâ khodat nadâri?
Sei das nächste Mal pünktlich!	دفعه دیگر وقت شناس باش! daf-e-ye digar vaght shenâs bâsh!
Nimm das nächste Mal ein Taxi!	دفعه دیگر با تاکسی بیا! daf-e-ye digar bâ tâxi biâ!
Nimm das nächste Mal einen Regenschirm mit!	دفعه دیگر یک چتر با خودت بیاور! daf-e-ye digar yek chatr bâ khodat biâvar!
Morgen habe ich frei.	فردا تعطیل هستم. fardâ ta-a-til hastam.
Wollen wir uns morgen treffen?	می خواهی فردا قراری بگذاریم؟ mikhâ-hi fardâ gharâri bogzârim?
Tut mir Leid, morgen geht es bei mir nicht.	متاسفم، من فردا وقت ندارم. mota-asefam, man fardâ vaght nadâram.

Verabredung

قرار ملاقات
gharâre molâghât

Hast du dieses Wochenende schon etwas vor?

این آخر هفته برنامه ای داری؟
in âkhare hafte barnâme-e dâri?

Oder bist du schon verabredet?

یا این که با کسی قرار ملاقات داری؟
yâ in ke bâ kasi gharâre molâghât dâri?

Ich schlage vor, wir treffen uns am Wochenende.

من پیشنهاد می کنم آخر هفته همدیگر را ببینیم.
man pish-nahâd mikonam âkhare hafte ham-digar râ bebinim.

Wollen wir Picknick machen?

می خواهی به پیک نیک برویم؟
mikhâ-hi be pik nik beravim?

Wollen wir an den Strand fahren?

می خواهی به ساحل دریا برویم؟
mikhâ-hi be sâhele daryâ beravim?

Wollen wir in die Berge fahren?

میخواهی به کوه برویم؟
mikhâ-hi be kuh beravim?

Ich hole dich vom Büro ab.

من درب اداره دنبالت می آیم.
man darbe edâre donbâlat mi-âyam.

Ich hole dich von zu Hause ab.

من درب خانه دنبالت می آیم.
man darbe khâne donbâlat mi-âyam.

Ich hole dich an der Bushaltestelle ab.

من جلوی ایستگاه اتوبوس دنبالت می آیم.
man jeloye ist-gâhe otobus donbâlat mi-âyam.

In der Stadt

در شهر
dar shahr

Ich möchte zum Bahnhof.

من می خواهم به طرف ایستگاه قطار بروم.
man mikhâham be taraf-e istgâh-e ghatâr beravam.

Ich möchte zum Flughafen.

من می خواهم به فرودگاه بروم.
man mikhâham be forudgâh beravam.

Ich möchte ins Stadtzentrum.

من می خواهم به مرکز شهر بروم.
man mikhâham be markaz-e shahr beravam.

Wie komme ich zum Bahnhof?

چه جوری به ایستگاه قطار بروم؟
che-juri be istgâh-e ghatâr beravam?

Wie komme ich zum Flughafen?

چه جوری به فرودگاه بروم؟
che-juri be forudgâh beravam?

Wie komme ich ins Stadtzentrum?

چه جوری به مرکز شهر بروم؟
che-juri be markaz-e shahr beravam?

Ich brauche ein Taxi.

من به یک تاکسی احتیاج دارم.
man be yek tâxi ehtiâj dâram.

Ich brauche einen Stadtplan.

من به یک نقشه احتیاج دارم.
man be yek nagh-she ehtiâj dâram.

Ich brauche ein Hotel.

من به یک هتل احتیاج دارم.
man be yek hotel ehtiâj dâram.

In der Stadt

در شهر
dar shahr

Ich möchte ein Auto mieten.

من می خواهم یک اتومبیل کرایه کنم.
man mikhâham yek otomobil kerâye konam.

Hier ist meine Kreditkarte.

این کارت اعتباری من است
in kârt-e e-e-tebâri-ye man ast

Hier ist mein Führerschein.

این گواهی نامه رانندگی من است.
in gavâhinâme-ye rânandegi-ye man ast.

Was gibt es in der Stadt zu sehen?

درشهر چه چیزی برای دیدن وجود دارد؟
dar shahr che chizi barâye didan vojud dârad?

Gehen Sie in die Altstadt.

به بافت قدیم شهر بروید.
be bâfte ghadime shahr beravid.

Machen Sie eine Stadtrundfahrt.

یک گردش با تور در شهر انجام دهید.
yek gardesh bâ toor dar shahr anjâm dahid.

Gehen Sie zum Hafen.

به بندر بروید.
be bandar beravid.

Machen Sie eine Hafenrundfahrt.

گردشی در بندر کنید.
gardeshi dar bandar konid.

Welche Sehenswürdigkeiten gibt es
außerdem noch?

دیدنی های دیگری هم وجود دارند؟
didani-hâye digari ham vojud dârand?

In der Natur

در طبیعت
dar tabi-at

Siehst du dort den Turm?	آن برج را آنجا می بینی؟ ân borj râ ânjâ mibini?
Siehst du dort den Berg?	آن کوه را آنجا می بینی ؟ ân kuh râ ânjâ mibini?
Siehst du dort das Dorf?	آن دهکده را آنجا می بینی ؟ ân deh-kade râ ânjâ mibini?
Siehst du dort den Fluss?	آن رودخانه را آنجا می بینی ؟ ân rud-khâne râ ânjâ mibini?
Siehst du dort die Brücke?	آن پل را آنجا می بینی ؟ ân pol râ ânjâ mibini?
Siehst du dort den See?	آن دریاچه را آنجا می بینی؟ ân daryâ-che râ ânjâ mibini?
Der Vogel da gefällt mir.	من از آن پرنده خوشم می آید. man az ân parande khosham mi-âyad.
Der Baum da gefällt mir.	از آن درخت خوشم می آید. az ân derakht khosham mi-âyad.
Der Stein hier gefällt mir.	از این سنگ خوشم می آید. az in sang khosham mi-âyad.

In der Natur

در طبیعت
dar tabi-at

Der Park da gefällt mir.

از آن پارک خوشم می آید.
az ân pârk khosham mi-âyad.

Der Garten da gefällt mir.

از آن باغ خوشم می آید.
az ân bâgh khosham mi-âyad.

Die Blume hier gefällt mir.

از این گل خوشم می آید.
az in gol khosham mi-âyad.

Ich finde das hübsch.

به نظر من آن زیباست.
be nazare man ân zibâst.

Ich finde das interessant.

به نظر من آن جالب است.
be nazare man ân jâleb ast.

Ich finde das wunderschön.

به نظر من آن بسیار زیباست.
be nazare man ân bes-yâr zibâst.

Ich finde das hässlich.

به نظر من آن زشت است.
be nazare man ân zesht ast.

Ich finde das langweilig.

به نظر من آن کسل کننده است.
be nazare man ân kesel konande ast.

Ich finde das furchtbar.

به نظر من آن وحشتناک است.
be nazare man ân vah-shatnâk ast.

Im Hotel –
Ankunft

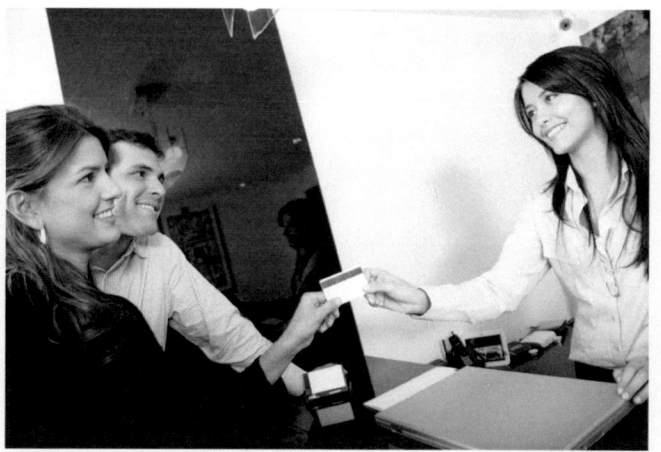

در هتل – ورود به
هتل
dar hotel - vorud be hotel

Haben Sie ein Zimmer frei?	اتاق خالی دارید؟ otâghe khâli dârid?
Ich habe ein Zimmer reserviert.	من یک اتاق رزرو کرده ام. man yek otâgh rezerv karde-am.
Mein Name ist Müller.	اسم من مولر است. esme man muler ast.
Ich brauche ein Einzelzimmer.	من به یک اتاق یک تخته احتیاج دارم. man be yek otâghe yek takhte ehtiâj dâram.
Ich brauche ein Doppelzimmer.	من به یک اتاق دو تخته احتیاج دارم. man be yek otâghe do takhte ehtiâj dâram.
Wie viel kostet das Zimmer pro Nacht?	اتاق شبی چند است؟ otâgh shabi chand ast?
Ich möchte ein Zimmer mit Bad.	من یک اتاق با حمام می خواهم. man yek otâgh bâ hammâm mikhâ-ham.
Ich möchte ein Zimmer mit Dusche.	من یک اتاق با دوش می خواهم. man yek otâgh bâ doosh mikhâ-ham.
Kann ich das Zimmer sehen?	می توانم اتاق را ببینم؟ mitavânam otâgh râ bebinam?

Im Hotel –
Ankunft

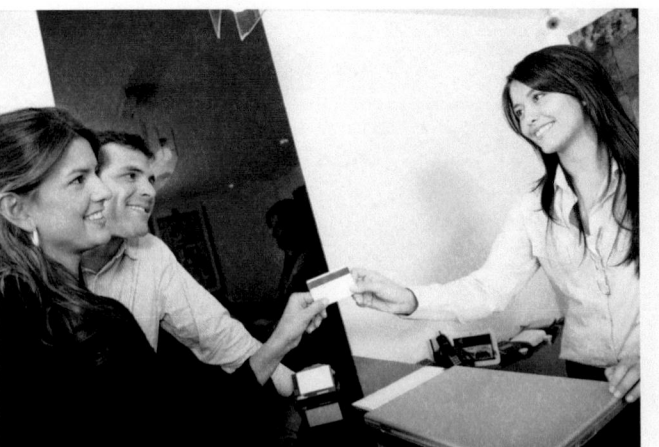

در هتل – ورود به هتل
dar hotel - vorud be hotel

Gibt es hier eine Garage?

اینجا پارکینگ دارد؟
injâ pârking dârad?

Gibt es hier einen Safe?

اینجا گاو صندوق دارد؟
injâ gâv sandogh dârad?

Gibt es hier ein Fax?

اینجا فاکس وجود دارد؟
injâ fâx vojud dârad?

Gut, ich nehme das Zimmer.

بسیار خوب ، من اتاق را می گیرم.
besyâr khob, man otâgh râ migiram.

Hier sind die Schlüssel.

کلید ها اینجا هستند.
kelid-hâ injâ hastand?

Hier ist mein Gepäck.

چمدان من اینجاست.
chamedân-e man injâst?

Um wie viel Uhr gibt es Frühstück?

ساعت چند صبحانه سرو می شود؟
sâ-ate chand sohâne serv mishavad?

Um wie viel Uhr gibt es Mittagessen?

ساعت چند نهار سرو می شود؟
sâ-ate chand nahâr serv mishavad?

Um wie viel Uhr gibt es Abendessen?

ساعت چند شام سرو می شود؟
sâ-ate chand shâm serv mishavad?

Im Hotel – Beschwerden

در هتل – شکایت
dar hotel - shekâ-yat

Die Dusche funktioniert nicht.	دوش کار نمی کند. (دوش خراب است.) doosh kâr nemikonad (doosh kharân ast).
Es kommt kein warmes Wasser.	آب گرم نمی آید. âb-e garm nemi-âyad.
Können Sie das reparieren lassen?	می توانید برای تعمیر آن اقدام کنید؟ mitavânid barâye ta-amire ân eghdâm konid?
Es gibt kein Telefon im Zimmer.	اتاق فاقد تلفن است. otâgh fâghede telephon ast.
Es gibt keinen Fernseher im Zimmer.	اتاق تلویزیون ندارد. otâgh televizion nadârad.
Das Zimmer hat keinen Balkon.	اتاق بدون بالکن است. otâgh bedun-e bâlkon ast.
Das Zimmer ist zu laut.	اتاق خیلی سروصدا دارد. otâgh khyli saro sedâ dârad.
Das Zimmer ist zu klein.	اتاق خیلی کوچک است. otâgh khyli kuchak ast.
Das Zimmer ist zu dunkel.	اتاق خیلی تاریک است. otâgh khyli târik ast.

Im Hotel – Beschwerden

در هتل – شکایت
dar hotel - shekâ-yat

Die Heizung funktioniert nicht.	شوفاژ کار نمی کند. (شوفاژ خراب است.) shufâj kâr nemikonad. (shufâj kharâb ast)
Die Klimaanlage funktioniert nicht.	دستگاه تهویه کار نمیکند. dastgâhe tahvi-e kâr nemikonad.
Der Fernseher ist kaputt.	تلویزیون خراب است. televizion kharâb ast.
Das gefällt mir nicht.	این مورد پسند من نیست. in morede pasande man nist.
Das ist mir zu teuer.	این برای من خیلی گران است. in barâye man khyli gerân ast.
Haben Sie etwas Billigeres?	چیز ارزان تری ندارید؟ chize arzântari nadârid?
Gibt es hier in der Nähe eine Jugendherberge?	در این نزدیکی خوابگاهی وجود دارد؟ dar in nazdiki khâbgâ-hi vojud dârad?
Gibt es hier in der Nähe eine Pension?	در این نزدیکی پانسیونی وجود دارد؟ dar in nazdiki pânsiuni vojud dârad?
Gibt es hier in der Nähe ein Restaurant?	در این نزدیکی رستورانی وجود دارد؟ dar in nazdiki resturâni vojud dârad?

Im Restaurant 1

دررستوران ۱
dar resturân 1

Ist der Tisch frei?	آیا این میز آزاد است؟
	âyâ in miz âzâd ast?
Ich möchte bitte die Speisekarte.	لطفاً لیست غذا را به من بدهید.
	lotfan list-e ghazâ râ be man bedahid.
Was können Sie empfehlen?	توصیه شما چیست؟
	tosie-ye shomâ chist?
Ich hätte gern ein Bier.	لطفاً یک آبجو به من بدهید.
	lotfan yek âbe-jo be man bedahid.
Ich hätte gern ein Mineralwasser.	لطفاً یک آب معدنی به من بدهید.
	lotfan yek âbe ma-adani be man bedahid.
Ich hätte gern einen Orangensaft.	لطفاً یک آب پرتقال به من بدهید.
	lotfan yek âbe porteghâl be man bedahid.
Ich hätte gern einen Kaffee.	لطفاً یک قهوه به من بدهید.
	lotfan yek ghahve be man bedahid.
Ich hätte gern einen Kaffee mit Milch.	لطفاً یک قهوه با شیر به من بدهید.
	lotfan yek ghahve bâ shir be man bedahid.
Mit Zucker, bitte.	با شکر، لطفآ
	bâ shekar, lotfan

Im Restaurant 1

دررستوران ۱
dar resturân 1

Ich möchte einen Tee.	من یک چای می خواهم. man yek châye mikhâham.
Ich möchte einen Tee mit Zitrone.	من یک چای با لیمو می خواهم. man yek châye bâ limu mikhâham.
Ich möchte einen Tee mit Milch.	من یک چای با شیر می خواهم. man yek châye bâ shir mikhâham.
Haben Sie Zigaretten?	سیگار دارید؟ sigâr dârid?
Haben Sie einen Aschenbecher?	زیرسیگاری دارید؟ zir sigâri dârid?
Haben Sie Feuer?	کبریت دارید؟ kebrit dârid?
Mir fehlt eine Gabel.	من چنگال ندارم. man changâl nadâram.
Mir fehlt ein Messer.	من کارد ندارم. man kârd nadâram.
Mir fehlt ein Löffel.	من قاشق ندارم. man ghâshogh nadâram.

Im Restaurant 2

در رستوران ۲
dar resturân 2

Einen Apfelsaft, bitte.

یک آب سیب لطفاً.
yek âbe sib lotfan.

Eine Limonade, bitte.

یک لیموناد لطفآ.
yek limunâd lotfan.

Einen Tomatensaft, bitte.

یک آب گوجه فرنگی لطفاً.
yek âbe goje farangi lotfan.

Ich hätte gern ein Glas Rotwein.

یک لیوان شراب قرمز لطفاً.
yek livân sharâbe ghermez lotfan.

Ich hätte gern ein Glas Weißwein.

یک لیوان شراب سفید لطفاً.
yek livân sharâbe sefid lotfan.

Ich hätte gern eine Flasche Sekt.

یک بطری شامپاین لطفاً.
yek botri shâmpâin lotfan.

Magst du Fisch?

ماهی دوست داری؟
mâhi doost dâri?

Magst du Rindfleisch?

گوشت گاو دوست داری؟
gushte gâv doost dâri?

Magst du Schweinefleisch?

گوشت خوک دوست داری؟
gushte khuk doost dâri?

Im Restaurant 2

در رستوران ۲

dar resturân 2

Ich möchte etwas ohne Fleisch.	من یک غذای بدون گوشت می خواهم. man yek ghazâye bedune gusht mikhâham.
Ich möchte eine Gemüseplatte.	من یک ظرف سبزی می خواهم. man yek zarfe sabzi mikhâham.
Ich möchte etwas, was nicht lange dauert.	غذایی می خواهم که تهیه آن زیاد طول نکشد. ghazâ-yi mikhâham ke tahie-ye ân ziâd tool nakeshad.

Möchten Sie das mit Reis?	غذا را با برنج می خواهید؟ ghazâ râ bâ berenj mikhâ-hid?
Möchten Sie das mit Nudeln?	غذا را با ماکارونی می خواهید؟ ghazâ râ bâ mâkâroni mikhâ-hid?
Möchten Sie das mit Kartoffeln?	غذا را با سیب زمینی می خواهید؟ ghazâ râ bâ sibe zamini mikhâ-hid?

Das schmeckt mir nicht.	غذا خوشمزه نیست. ghazâ khosh-mazze nist.
Das Essen ist kalt.	غذا سرد است. ghazâ sard ast.
Das habe ich nicht bestellt.	من این غذا را سفارش ندادم. man in ghazâ râ sefâresh nadâdam.

Ich möchte eine Vorspeise.

من یک پیش غذا می خواهم.
man yek pish ghazâ mikhâ-ham.

Ich möchte einen Salat.

من یک سالاد می خواهم.
man yek sâlâd mikhâ-ham.

Ich möchte eine Suppe.

من یک سوپ می خواهم.
man yek soop mikhâ-ham.

Ich möchte einen Nachtisch.

من یک دسر می خواهم.
man yek deser mikhâ-ham.

Ich möchte ein Eis mit Sahne.

من یک بستنی با خامه می خواهم.
man yek bastani bâ khâme mikhâ-ham.

Ich möchte Obst oder Käse.

من میوه یا پنیر می خواهم.
man mive yâ panir mikhâ-ham.

Wir möchten frühstücken.

ما می خواهیم صبحانه بخوریم.
mâ mikhâ-him sobhâne bokhorim.

Wir möchten zu Mittag essen.

ما می خواهیم ناهار بخوریم.
mâ mikhâ-him nâhâr bokhorim.

Wir möchten zu Abend essen.

ما می خواهیم شام بخوریم.
mâ mikhâ-him shâm bokhorim.

Im Restaurant 3

در رستوران ۳
dar resturân 3

Was möchten Sie zum Frühstück?	شما صبحانه چی میل دارید؟ shomâ sobhâne chi mail dârid?
Brötchen mit Marmelade und Honig?	نان با مربا و عسل؟ nân bâ morab-bâ va asal?
Toast mit Wurst und Käse?	نان تست با سوسیس و پنیر؟ nâne tost bâ susis va panir?
Ein gekochtes Ei?	یک تخم مرغ پخته؟ yek tokhme morghe pokhte?
Ein Spiegelei?	یک تخم مرغ نیمرو؟ yek tokhme morghe nimroo?
Ein Omelett?	یک املت؟ yek omlet?
Bitte noch einen Joghurt.	لطفاً یک ماست دیگر بیاورید. lotfan yek mâste digar biâvarid.
Bitte noch Salz und Pfeffer.	لطفاً باز هم نمک و فلفل بیاورید. lotfan bâz ham namak va felfel biâvarid.
Bitte noch ein Glas Wasser.	لطفاً باز هم یک لیوان آب بیاورید. lotfan bâz ham yek livân âb biâvarid.

Im Restaurant 4

در رستوران ٤
dar resturân 4

Einmal Pommes frites mit Ketchup.

یک پرس سیب زمینی سرخ کرده با کچاپ.
yek pors sibe zamini-e sorkh karde bâ kechâb.

Und zweimal mit Mayonnaise.

و دو پرس سیب زمینی سرخ کرده با سس مایونز.
va do pors sibe zamini-e sorkh karde bâ sose mâyonez.

Und dreimal Bratwurst mit Senf.

و سه پرس سوسیس سرخ کرده با خردل.
va se pors susise sorkh karde bâ khardal.

Was für Gemüse haben Sie?

چه نوع سبزی دارید؟
che no sabzi dârid?

Haben Sie Bohnen?

لوبیا دارید؟
lubiâ dârid?

Haben Sie Blumenkohl?

گل کلم دارید؟
gol-kalam dârid?

Ich esse gern Mais.

من ذرت دوست دارم بخورم.
man zor-rat doost dâram bokhoram.

Ich esse gern Gurken.

من خیار دوست دارم بخورم.
man khiâr doost dâram bokhoram.

Ich esse gern Tomaten.

من گوجه فرنگی دوست دارم بخورم.
man goje farangi doost dâram bokhoram.

⇨

Im Restaurant 4

در رستوران ٤
dar resturân 4

Essen Sie auch gern Lauch?	پیازچه دوست دارید بخورید؟ piâzche doost dârid bokhorid?
Essen Sie auch gern Sauerkraut?	ترشی کلم دوست دارید بخورید؟ torshi-ye kalam doost dârid bokhorid?
Essen Sie auch gern Linsen?	عدس دوست دارید بخورید؟ adas doost dârid bokhorid?
Isst du auch gern Karotten?	هویج دوست داری بخوری؟ havij doost dâri bokhori?
Isst du auch gern Brokkoli?	بروکلی دوست داری بخوری؟ burokli doost dâri bokhori?
Isst du auch gern Paprika?	فلفل سبز دوست داری بخوری؟ felfel-e sabz doost dâri bokhori?
Ich mag keine Zwiebeln.	من پیاز دوست ندارم. man piâz doost nadâram.
Ich mag keine Oliven.	من از زیتون خوشم نمی آید. man az zytun khosham nemi-âyad.
Ich mag keine Pilze.	من از قارچ خوشم نمی آید. man az ghârch khosham nemi-âyad.

Im Bahnhof

در ایستگاه قطار
dar istgâhe ghatâr

Wann fährt der nächste Zug nach Berlin?

قطار بعدی به برلین چه موقع می رود؟
ghatâre ba-edi be berlin che moghe miravad?

Wann fährt der nächste Zug nach Paris?

قطار بعدی به پاریس چه موقع می رود؟
ghatâre ba-edi be pâris che moghe miravad?

Wann fährt der nächste Zug nach London?

قطار بعدی به لندن چه موقع می رود؟
ghatâre ba-edi be landan che moghe miravad?

Um wie viel Uhr fährt der Zug nach Warschau?

قطار ورشو ساعت چند حرکت می کند؟
ghatâre varshow sâ-ate chand harekat mikonad?

Um wie viel Uhr fährt der Zug nach Stockholm?

قطار استکهلم ساعت چند حرکت می کند؟
ghatâre estok-holm sâ-ate chand harekat mikonad?

Um wie viel Uhr fährt der Zug nach Budapest?

قطار بوداپست ساعت چند حرکت می کند؟
ghatâre budâpest sâ-ate chand harekat mikonad?

Ich möchte eine Fahrkarte nach Madrid.

من یک بلیط برای مادرید می خواهم.
man yek belit barâye mâdrid mikhâ-ham.

Ich möchte eine Fahrkarte nach Prag.

من یک بلیط برای پراگ می خواهم.
man yek belit barâye perâg mikhâ-ham.

Ich möchte eine Fahrkarte nach Bern.

من یک بلیط برای برن میخواهم.
man yek belit barâye bern mikhâ-ham.

33 [dreiunddreißig]

Im Bahnhof

در ایستگاه قطار
dar istgâhe ghatâr

Wann kommt der Zug in Wien an?

قطار چه موقع به وین می رسد؟
ghatâr che moghe be vian miresad?

Wann kommt der Zug in Moskau an?

قطار چه موقع به مسکو می رسد؟
ghatâr che moghe be mosko miresad?

Wann kommt der Zug in Amsterdam an?

قطار چه موقع به آمستردام می رسد؟
ghatâr che moghe be âmesterdâm miresad?

Muss ich umsteigen?

باید قطار را عوض کنم؟
bâyad ghatâr râ avaz konam?

Von welchem Gleis fährt der Zug ab?

قطار از کدام سکو حرکت می کند؟
ghatâr az kodâm sak-ku harekat mikonad?

Gibt es Schlafwagen im Zug?

آیا قطار کوپه خواب دارد؟
âyâ ghatâr kup-pe-ye khâb dârad?

Ich möchte nur die Hinfahrt nach Brüssel.

من تنها بلیط رفت به بروکسل را می خواهم.
man tanhâ belite raft be bruksel râ mikhâ-ham.

Ich möchte eine Rückfahrkarte nach
Kopenhagen.

یک بلیط برگشت به کپنهاگ می خواهم.
yek belite bargasht be kopenhâg mikhâ-ham.

Was kostet ein Platz im Schlafwagen?

قیمت بلیط در قطار با کوپه خواب چند است؟
ghymate belit dar ghatâr bâ kup-pe-ye khâb chand ast?

66

Im Zug

در قطار
dar ghatâr

Ist das der Zug nach Berlin?

این قطاری است که به برلین می رود؟
in ghatâr-ist ke be berlin miravad?

Wann fährt der Zug ab?

قطار چه موقع حرکت می کند؟
ghatâr che moghe harekat mikonad?

Wann kommt der Zug in Berlin an?

قطار چه موقع به برلین می رسد؟
ghatâr che moghe be berlin miresad?

Verzeihung, darf ich vorbei?

ببخشید، اجازه هست عبور کنم؟
bebakh-shid, ejâze hast obur konam?

Ich glaube, das ist mein Platz.

فکر می کنم اینجا جای من است.
fekr mikonam injâ jâye man ast.

Ich glaube, Sie sitzen auf meinem Platz.

فکر می کنم شما روی صندلی من نشسته اید.
fekr mikonam shomâ rooye sandali-e man neshaste-id.

Wo ist der Schlafwagen?

کوپه خواب کجا است ؟
kup-pe-ye khâb kojâst?

Der Schlafwagen ist am Ende des Zuges.

کوپه خواب در انتهای قطار است.
kup-pe-ye khâb dar entehâye ghatâr ast.

Und wo ist der Speisewagen? – Am Anfang.

و رستوران قطار کجاست؟ درابتدای قطار.
va resturân-e ghatâr kojâst? dar ebtedâye ghatâr.

34 [vierunddreißig]

Im Zug

34 [سی و چهار]

34 [see-o-cha-hâr]

در قطار

dar ghatâr

Kann ich unten schlafen?	می توانم پایین بخوابم؟ mitavânam pâ-in bekhâbam?
Kann ich in der Mitte schlafen?	می توانم وسط بخوابم؟ mitavânam vasat bekhâbam?
Kann ich oben schlafen?	می توانم بالا بخوابم؟ mitavânam bâlâ bekhâbam?
Wann sind wir an der Grenze?	کی به مرز می رسیم؟ key be marz miresim?
Wie lange dauert die Fahrt nach Berlin?	سفر به برلین چه مدت طول می کشد؟ safar be berlin che mod-dat tool mikeshad?
Hat der Zug Verspätung?	قطار تأخیر دارد؟ ghatâr ta-akhir dârad?
Haben Sie etwas zu lesen?	چیزی برای خواندن دارید؟ chizi barâye khândan dârid?
Kann man hier etwas zu essen und zu trinken bekommen?	اینجا می توان خوراکی یا نوشیدنی تهیه کرد؟ injâ mitavân khorâki yâ nushidani tahi-ye kard?
Würden Sie mich bitte um 7.00 Uhr wecken?	ممکن است مرا ساعت ۷ بیدار کنید؟ momken ast marâ sâ-ate haft bidâr konid?

Am Flughafen

در فرودگاه
dar forudgâh

Ich möchte einen Flug nach Athen buchen.	من می خواهم یک پرواز به آتن رزرو کنم. man mikhâ-ham yek parvâz be âten rezerv konam.
Ist das ein Direktflug?	این یک پرواز مستقیم است؟ in yek parvâze mostaghim ast?
Bitte einen Fensterplatz, Nichtraucher.	لطفاً یک صندلی کنار پنجره برای غیر سیگاری ها. lotfan yek sandali kenâre panjare barâye ghaire sigâri-hâ.

Ich möchte meine Reservierung bestätigen.	من می خواهم بلیط رزرو شده ام را تأیید کنم. man mikhâ-ham belite rezerv shode-am râ ta-id konam.
Ich möchte meine Reservierung stornieren.	من می خواهم بلیط رزرو شده ام را کنسل کنم. man mikhâ-ham belite rezerv shode-am râ cancel konam.
Ich möchte meine Reservierung umbuchen.	می خواهم تاریخ و ساعت بلیطم را تغییر دهم. mikhâ-ham târikh va sâ-ate belitam râ taghir daham.

Wann geht die nächste Maschine nach Rom?	پرواز بعدی به رم چه زمانی است؟ parvâze ba-adi be rom che zamâni ast?
Sind noch zwei Plätze frei?	دو جای (صندلی) دیگر خالی است؟ do jâye (sandali) digar khâli ast?
Nein, wir haben nur noch einen Platz frei.	نه، ما فقط یک جای خالی داریم. na, mâ faghat yek jâye khâli dârim.

35 [fünfunddreißig]

35 [سی و پنج]
35 [see-o-panj]

Am Flughafen

در فرودگاه
dar forudgâh

Wann landen wir?	کی فرود می آییم؟ key forud mi-â-yim?
Wann sind wir da?	کی در مقصد هستیم؟ key dar maghsad hastim?
Wann fährt ein Bus ins Stadtzentrum?	چه موقع یک اتوبوس به مرکز شهر می رود؟ che moghe yek otobus be markaze shahr miravad?
Ist das Ihr Koffer?	این چمدان شماست؟ in chamedâne shomâst?
Ist das Ihre Tasche?	این کیف شماست؟ in kife shomâst?
Ist das Ihr Gepäck?	این وسایل سفر شماست؟ in vasâyele safare shomâst?
Wie viel Gepäck kann ich mitnehmen?	چه مقدار بار می توانم با خود بیاورم؟ che meghdâr bâr mitavânam bâ khod biâvaram?
Zwanzig Kilo.	بیست کیلو bist kiloo
Was, nur zwanzig Kilo?	چی، فقط بیست کیلو؟ chi, faghat bist kiloo?

Öffentlicher Nahverkehr

عبور و مرور درون شهری
obur-o morure darun shahri

Wo ist die Bushaltestelle?	ایستگاه اتوبوس کجاست؟
	istgâhe otobus kojâst?
Welcher Bus fährt ins Zentrum?	کدام اتوبوس به مرکز شهر می رود؟
	kodâm otobus be markaze shahr miravad?
Welche Linie muss ich nehmen?	چه خطی (چه اتوبوسی) باید سوار شوم؟
	che khat-ti (che otobusi) bâyad savâr shavam?
Muss ich umsteigen?	باید وسیله نقلیه را عوض کنم؟
	bâyad vasile-ye naghli-ye râ avaz konam?
Wo muss ich umsteigen?	کجا باید وسیله نقلیه را عوض کنم؟
	kojâ bâyad vasile-ye naghli-ye râ avaz konam?
Was kostet ein Fahrschein?	قیمت یک بلیط چند است؟
	ghymate yek belit chand ast?
Wie viele Haltestellen sind es bis zum Zentrum?	تا مرکز شهر چند ایستگاه است؟
	tâ markaze shahr chand istgâh ast?
Sie müssen hier aussteigen.	شما باید اینجا پیاده شوید.
	shomâ bâyad injâ piâde shavid.
Sie müssen hinten aussteigen.	شما باید از قسمت عقب ماشین پیاده شوید.
	shomâ bâyad az ghesmate aghabe mâshin piâde shavid.

⇨

Öffentlicher
Nahverkehr

عبور و مرور درون
شهری
obur-o morure darun
shahri

Die nächste U-Bahn kommt in 5 Minuten.	متروی (زیرمینی) بعدی ۵ دقیقه دیگر می آید. metro-ye (zir zamini) ba-adi panj daghighe-ye digar mi-âyad.
Die nächste Straßenbahn kommt in 10 Minuten.	متروی بعدی ۱۰ دقیقه دیگر می آید. metro-ye ba-adi dah daghighe-ye digar mi-âyad.
Der nächste Bus kommt in 15 Minuten.	اتوبوس بعدی ۱۵ دقیقه دیگر می آید. otobuse ba-adi pânzdah daghighe-ye digar mi-âyad.
Wann fährt die letzte U-Bahn?	آخرین مترو (زیرزمینی) کی حرکت می کند؟ âkharin metro (zir zamini) key harekat mikonad?
Wann fährt die letzte Straßenbahn?	آخرین مترو کی حرکت می کند؟ âkharin metro key harekat mikonad?
Wann fährt der letzte Bus?	آخرین اتوبوس کی حرکت می کند؟ âkharin otobus key harekat mikonad?
Haben Sie einen Fahrschein?	شما بلیط دارید؟ shomâ belit dârid?
Einen Fahrschein? – Nein, ich habe keinen.	بلیط؟— نه ندارم. belit? na nadâram.
Dann müssen Sie eine Strafe zahlen.	پس باید جریمه بپردازید. pas bâyad jarime bepardâzid.

Unterwegs

در راه
dar râh

Er fährt mit dem Motorrad.	او (مرد) با موتورسیکلت حرکت می کند.
	oo bâ motorsiklet harekat mikonad.
Er fährt mit dem Fahrrad.	او (مرد) با دوچرخه حرکت می کند.
	oo bâ docharkhe harekat mikonad.
Er geht zu Fuß.	او (مرد) پیاده می رود.
	oo pi-yâde miravad.
Er fährt mit dem Schiff.	او (مرد) با کشتی حرکت می کند.
	oo bâ kashti harekat mikonad.
Er fährt mit dem Boot.	او (مرد) با قایق حرکت می کند.
	oo bâ ghâyegh harekat mikonad.
Er schwimmt.	او (مرد) شنا می کند.
	oo shenâ mikonad.
Ist es hier gefährlich?	اینجا جای خطرناکی است؟
	injâ jâye khatarnâki ast?
Ist es gefährlich, allein zu trampen?	آیا تنهایی قدم زدن خطرناک است؟
	âyâ tanhâyi ghadam zadan khatarnâk ast?
Ist es gefährlich, nachts spazieren zu gehen?	آیا شب ها به پیاده روی رفتن خطرناک است؟
	âyâ shab-hâ be piâde ravi raftan khatarnâk ast?

Unterwegs

در راه
dar râh

Wir haben uns verfahren.	ما راه را (با ماشین) اشتباه رفته ایم.
	mâ râh râ (bâ mâshin) eshtebâh rafte-im.
Wir sind auf dem falschen Weg.	ما در مسیر اشتباه هستیم.
	mâ dar masire eshtebâh hastim.
Wir müssen umkehren.	ما باید برگردیم.
	mâ bâyad bar gardim.
Wo kann man hier parken?	اینجا کجا می شود پارک کرد؟
	injâ kojâ mishavad pârk kard?
Gibt es hier einen Parkplatz?	اینجا پارکینگ وجود دارد؟
	injâ pârking vojud dârad?
Wie lange kann man hier parken?	چه مدت می توان اینجا پارک کرد؟
	che mod-dat mitavân injâ pârk kard?
Fahren Sie Ski?	شما اسکی می کنید؟
	shomâ eski mikonid?
Fahren Sie mit dem Skilift nach oben?	با تله سیژ (بالابر اسکی) بالا می روید؟
	be tele-sij (bâlâbare eski) bâlâ miravid?
Kann man hier Ski leihen?	آیا می توان اینجا چوب اسکی کرایه کرد؟
	âyâ mitavân injâ chube eski kerâye kard?

38 [achtunddreißig]

Im Taxi

38 [سی و هشت]
38 [see-o-hasht]

در تاکسی
dar tâxi

Rufen Sie bitte ein Taxi.	<div dir="rtl">لطفاً یک تاکسی صدا کنید. lotfan yek tâxi sedâ konid.</div>
Was kostet es bis zum Bahnhof?	<div dir="rtl">تا ایستگاه قطار کرایه چقدر است ؟ tâ istgâhe ghatâr kerâye cheghadr ast?</div>
Was kostet es bis zum Flughafen?	<div dir="rtl">تا فرودگاه کرایه چقدر است ؟ tâ forudgâh kerâye cheghadr ast?</div>
Bitte geradeaus.	<div dir="rtl">لطفاً مستقیم بروید. lotfan mostaghim beravid.</div>
Bitte hier nach rechts.	<div dir="rtl">لطفاً اینجا سمت راست بروید. lotfan injâ samte râst beravid.</div>
Bitte dort an der Ecke nach links.	<div dir="rtl">لطفاً آنجا سر نبش سمت چپ بروید. lotfan ânjâ sare nabsh samte chap beravid.</div>
Ich habe es eilig.	<div dir="rtl">من عجله دارم. man ajale dâram.</div>
Ich habe Zeit.	<div dir="rtl">من وقت دارم. man vaght dâram.</div>
Fahren Sie bitte langsamer.	<div dir="rtl">لطفاً آهسته تر برانید. lotfan âheste-tar berânid.</div>

⇨

Im Taxi

در تاکسی
dar tâxi

Halten Sie hier bitte.	لطفاً اینجا توقف کنید. lotfan injâ tavaghof konid.
Warten Sie bitte einen Moment.	لطفاً یک لحظه صبر کنید. lotfan yek lahze sabr konid.
Ich bin gleich zurück.	من الان بر می گردم. man al-ân bar migardam.
Bitte geben Sie mir eine Quittung.	لطفاً یک قبض رسید به من بدهید. lotfan yek ghabze resid be man bedahid.
Ich habe kein Kleingeld.	من پول خرد ندارم. man poole khord nadâram.
Es stimmt so, der Rest ist für Sie.	درست است، بقیه پول برای خودتان. dorost ast, baghi-e-ye pool barâye khodetân.
Fahren Sie mich zu dieser Adresse.	مرا به این آدرس ببرید. marâ be in âdres bebarid.
Fahren Sie mich zu meinem Hotel.	مرا به هتلم ببرید. marâ be hotelam bebarid.
Fahren Sie mich zum Strand.	مرا (با ماشین) به ساحل ببرید. marâ (bâ mâshin) be sâhel bebarid.

Autopanne

خرابی ماشین
kharâbi-ye mâshin

Wo ist die nächste Tankstelle?	پمپ بنزین بعدی کجاست؟ pompe benzine ba-adi kojâst?
Ich habe einen Platten.	لاستیکم پنجرشده است. lâstikam panchar shode ast.
Können Sie das Rad wechseln?	میتوانید چرخ ماشین را عوض کنید؟ mitavânid charkhe mâshin râ avaz konid?
Ich brauche ein paar Liter Diesel.	من به چند لیتر گازوئیل نیاز دارم. man be chand litr gâzoil niâz dâram.
Ich habe kein Benzin mehr.	من دیگر بنزین ندارم. man digar benzin nadâram.
Haben Sie einen Reservekanister?	گالن ذخیره بنزین همراه دارید؟ gâlone zakhire-ye benzin hamrâh dârid?
Wo kann ich telefonieren?	کجا می توانم تلفن بزنم؟ kojâ mitavânam telefon bezanam?
Ich brauche einen Abschleppdienst.	من احتیاج به ماشین امداد خودرو جهت بوکسل کردن دارم. man ehtiâj be mâshine emdâd khodro jahate boxel kardan dâram.
Ich suche eine Werkstatt.	من دنبال یک تعمیرگاه هستم. man donbâle yek ta-amirgâh hastam.

Autopanne

خرابی ماشین
kharâbi-ye mâshin

Es ist ein Unfall passiert.	یک تصادف رخ داده است. yek tasâdof rokh dâde ast.
Wo ist das nächste Telefon?	باجه تلفن بعدی کجاست؟ bâje telefone ba-adi kojâst?
Haben Sie ein Handy bei sich?	تلفن همراه نزدتان هست؟ telefone hamrâh nazdetân hast?
Wir brauchen Hilfe.	ماااحتیاج به کمک داریم. mâ ehtiâj be komak dârim.
Rufen Sie einen Arzt!	یک دکتر صدا کنید! yek doktor sedâ konid.
Rufen Sie die Polizei!	پلیس را خبر کنید! polis râ khabar konid.
Ihre Papiere, bitte.	مدارکتان لطفاً madâreketân lotfan
Ihren Führerschein, bitte.	لطفاً گواهی نامه خود را نشان دهید. lotfan gâvâhi nâmeh-ye khod râ neshân dahid.
Ihren Kfz-Schein, bitte.	لطفاً کارت خودرو را نشان دهید. lotfan kârte khodro râ neshân dâhid.

Nach dem Weg fragen

سؤال در مورد مسیر حرکت
soâl dar morede masire harekat

Entschuldigen Sie!

معذرت میخواهم!
ma-azerat mikhâ-ham!

Können Sie mir helfen?

میتوانید به من کمک کنید؟
mitavânid be man komak konid?

Wo gibt es hier ein gutes Restaurant?

در این اطراف رستوران خوبی وجود دارد؟
dar in âtraf resturâne khubi vojud dârad?

Gehen Sie links um die Ecke.

سر نبش، سمت چپ بروید.
sare nabsh, samte chap beravid.

Gehen Sie dann ein Stück geradeaus.

سپس مقداری مستقیم بروید.
sepas meghdâri mostaghim beravid.

Gehen Sie dann hundert Meter nach rechts.

بعد صد متر به طرف راست بروید.
ba-ad sad metr be tarafe râst beravid.

Sie können auch den Bus nehmen.

با اتوبوس هم میتوانید بروید.
bâ otobus ham mitavânid beravid.

Sie können auch die Straßenbahn nehmen.

با مترو هم می توانید بروید.
bâ metro ham mitavânid beravid.

Sie können auch einfach hinter mir herfahren.

اصلاً می توانید پشت سر من حرکت کنید.
aslan mitavânid poshte sare man harekat konid.

Nach dem Weg fragen

سؤال در مورد مسیر حرکت

soâl dar morede masire harekat

Wie komme ich zum Fußballstadion?

چگونه به استادیوم فوتبال بروم؟
chegune be estâdiume footbâl beravam?

Überqueren Sie die Brücke!

از پل عبور کنید.
az pol obur konid.

Fahren Sie durch den Tunnel!

از تونل عبور کنید.
az tunel obur konid.

Fahren Sie bis zur dritten Ampel.

تا سومین چراغ راهنما بروید.
tâ sev-vomin cherâgh-e râhnamâ beravid.

Biegen Sie dann die erste Straße rechts ab.

سپس اولین خیابان به طرف راست بپیچید.
sepas avalin khiâbân be tarafe râst bepichid.

Fahren Sie dann geradeaus über die nächste Kreuzung.

و بعد از چهارراه عبور کنید.
va ba-ad az cha-hâr râh obur konid.

Entschuldigung, wie komme ich zum Flughafen?

ببخشید، چگونه به فرودگاه بروم؟
bebakhshid, chegune be forudgâh beravam?

Am besten nehmen Sie die U-Bahn.

بهترین راه این است که با مترو بروید.
behtarin râh in ast ke bâ metro beravid.

Fahren Sie einfach bis zur Endstation.

تا آخرین ایستگاه بروید.
ta âkharin istgâh beravid.

Orientierung

جهت یابی
jahat yâbi

Wo ist das Fremdenverkehrsamt?

سازمان گردشگری کجاست؟
sâzmâne gardeshgari kojâst?

Haben Sie einen Stadtplan für mich?

یک نقشه شهری برای من دارید؟
yek naghshe-ye shahri barâye man dârid?

Kann man hier ein Hotelzimmer reservieren?

میتوان اینجا یک اطاق در هتل رزرو کرد؟
mitavân injâ yek otâgh dar hotel rezerv kard?

Wo ist die Altstadt?

بافت قدیم شهر کجاست؟
bâfte ghadime shahr kojâst?

Wo ist der Dom?

کلیسای بزرگ کجاست؟
kelisâye bozorg kojâst?

Wo ist das Museum?

موزه کجاست؟
muze kojâst?

Wo gibt es Briefmarken zu kaufen?

کجا میتوان تمبر خرید؟
kojâ mitavân tambr kharid?

Wo gibt es Blumen zu kaufen?

کجا میتوان گل خرید؟
kojâ mitavân gol kharid?

Wo gibt es Fahrkarten zu kaufen?

کجا میتوان بلیط خرید؟
kojâ mitavân belit kharid?

Orientierung

جهت یابی
jahat yâbi

Wo ist der Hafen?	بندر کجاست؟
	bandar kojâst?
Wo ist der Markt?	بازار کجاست؟
	bâzâr kojâst?
Wo ist das Schloss?	قصر کجاست؟
	ghasr kojâst?

Wann beginnt die Führung?	تور بازدید کی شروع میشود؟
	toore bâzdid key shoru-e mishavad?
Wann endet die Führung?	تور بازدید کی تمام میشود؟
	toore bâzdid key tamâm mishavad?
Wie lange dauert die Führung?	تور بازدید چقدر طول میکشد؟
	toore bâzdid cheghadr tool mikeshad?

Ich möchte einen Führer, der Deutsch spricht.	من یک راهنما میخواهم که آلمانی صحبت کند.
	man yek râhnamâ mikhâham ke âlmâni sohbat konad.
Ich möchte einen Führer, der Italienisch spricht.	من یک راهنما میخواهم که ایتالیایی صحبت کند.
	man yek râhnamâ mikhâham ke itâliâi sohbat konad.
Ich möchte einen Führer, der Französisch spricht.	من یک راهنما میخواهم که فرانسوی صحبت کند.
	man yek râhnamâ mikhâham ke farânsavi sohbat konad.

Stadtbesichtigung

بازدید از شهر
bâzdid az shahr

Ist der Markt sonntags geöffnet?

بازار یکشنبه ها باز است؟
bâzâr yek-shanbe-hâ bâz ast?

Ist die Messe montags geöffnet?

نمایشگاه دوشنبه ها باز است؟
namâyeshgâh do-shanbe-hâ bâz ast?

Ist die Ausstellung dienstags geöffnet?

نمایشگاه (گالری) سه شنبه ها باز است؟
namâyeshgâh (gâlery) se-shanbe-hâ bâz ast?

Hat der Zoo mittwochs geöffnet?

باغ وحش چهار شنبه ها باز است؟
bâghe vah-sh cha-hâr-shanbe-hâ bâz ast?

Hat das Museum donnerstags geöffnet?

موزه پنج شنبه ها باز است؟
muze panj-shanbe-hâ bâz ast?

Hat die Galerie freitags geöffnet?

گالری جمعه ها باز است؟
gâlery jom-e-hâ bâz ast?

Darf man fotografieren?

عکس گرفتن مجاز است؟
aks gereftan mojâz ast?

Muss man Eintritt bezahlen?

باید ورودی داد؟
bâyad vorudi dâd?

Wie viel kostet der Eintritt?

بلیط ورودی چند است؟
belite vorudi chand ast?

Stadtbesichtigung

بازدید از شهر
bâzdid az shahr

Gibt es eine Ermäßigung für Gruppen?

تخفیف برای گروه وجود دارد؟
takhfif barâye goruh vojud dârad?

Gibt es eine Ermäßigung für Kinder?

تخفیف برای بچه ها وجود دارد؟
takhfif barâye bache-hâ vojud dârad?

Gibt es eine Ermäßigung für Studenten?

تخفیف برای دانشجویان وجود دارد؟
takhfif barâye dâneshju-yân vojud dârad?

Was für ein Gebäude ist das?

این چه ساختمانی است؟
in che sâkhtemâni ast?

Wie alt ist das Gebäude?

قدمت ساختمان چقدر است؟
ghedmate sâkhtemân cheghadr ast?

Wer hat das Gebäude gebaut?

چه کسی ساختمان را بنا کرده است (ساخته است)؟
che kasi sâkhtemân râ banâ karde ast (sâkhte ast)?

Ich interessiere mich für Architektur.

من به معماری علاقه مندم.
man be me-emâri alâghemandam.

Ich interessiere mich für Kunst.

من علاقه مند به هنر هستم.
man alâghemand be honar hastam.

Ich interessiere mich für Malerei.

من علاقه مند به نقاشی هستم.
man alâghemand be naghâshi hastam.

Im Zoo

در باغ وحش
dar bâghe vahsh

Dort ist der Zoo.	آنجا باغ وحش است. ânjâ bâghe vahsh ast.
Dort sind die Giraffen.	آنجا زرافه ها هستند. ânjâ zar-râfe-hâ hastand.
Wo sind die Bären?	خرسها کجا هستند؟ khers-hâ kojâ hastand?
Wo sind die Elefanten?	فیل ها کجا هستند؟ fil-hâ kojâ hastand?
Wo sind die Schlangen?	مارها کجا هستند؟ mâr-hâ kojâ hastand?
Wo sind die Löwen?	شیرها کجا هستند؟ shir-hâ kojâ hastand?
Ich habe einen Fotoapparat.	من یک دوربین عکاسی دارم. man yek durbin-e ak-kâsi dâram.
Ich habe auch eine Filmkamera.	من یک دوربین فیلم برداری هم دارم. man yek durbin-e film bardâri ham dâram.
Wo ist eine Batterie?	باتری کجاست؟ bâtri kojâst?

Im Zoo

در باغ وحش
dar bâghe vahsh

Wo sind die Pinguine?	پنگوئن ها کجا هستند؟ panguan-hâ kojâ hastand?
Wo sind die Kängurus?	کانگورو ها کجا هستند؟ kângoro-hâ kojâ hastand?
Wo sind die Nashörner?	کرگدن ها کجا هستند؟ kargadan-hâ kojâ hastand?
Wo ist eine Toilette?	توالت کجاست؟ tuâlet kojâst?
Dort ist ein Café.	آنجا یک کافه است. ânjâ yek kâfe ast.
Dort ist ein Restaurant.	آنجا یک رستوران است. ânjâ yek resturân ast.
Wo sind die Kamele?	شترها کجا هستند؟ shotor-hâ kojâ hastand?
Wo sind die Gorillas und die Zebras?	گوریل ها و گورخرها کجا هستند؟ guril-hâ va gure-khar-hâ kojâ hastand?
Wo sind die Tiger und die Krokodile?	ببرها و تمساح ها کجا هستند؟ babr-hâ va temsâh-hâ kojâ hastand?

44 [چهل و چهار]

44 [che-hel-o-cha-hâr]

Abends ausgehen

گردش عصر (شب)

gardeshe asr (shab)

Gibt es hier eine Diskothek?	در اینجا دیسکو وجود دارد؟
	dar injâ disko vojud dârad?
Gibt es hier einen Nachtclub?	در اینجا کاباره وجود دارد؟
	dar injâ kâbâre vojud dârad?
Gibt es hier eine Kneipe?	آیا اینجا یک بار وجود دارد؟
	âyâ injâ yek bâr vojud dârad?
Was gibt es heute Abend im Theater?	امشب برنامه تاتر چیست؟
	emshab barnâme-ye tâ-âtr chist?
Was gibt es heute Abend im Kino?	برنامه امشب سینما چیست؟
	barnâme-ye emshabe sinemâ chist?
Was gibt es heute Abend im Fernsehen?	امشب تلویزیون چی نشان می دهد؟
	emshab televizion chi neshân midahad?
Gibt es noch Karten fürs Theater?	هنوز بلیط تاتر موجود است؟
	hanuz belite tâ-âtr mojud ast?
Gibt es noch Karten fürs Kino?	هنوز بلیط سینما موجود است؟
	hanuz belite sinemâ mojud ast?
Gibt es noch Karten für das Fußballspiel?	هنوز بلیط برای تماشای بازی فوتبال موجود است؟
	hanuz belit barâye tamâshâye bâzi-e-ye footbâl mojud ast?

44 [vierundvierzig]	44 [چهل و چهار]
	44 [che-hel-o-cha-hâr]
Abends ausgehen	گردش عصر (شب)
	gardeshe asr (shab)

Ich möchte ganz hinten sitzen.

من دوست دارم کاملا عقب بنشینم.
man doost dâram kâmelan aghab beneshinam.

Ich möchte irgendwo in der Mitte sitzen.

من دوست دارم یک جایی در وسط بنشینم.
man doost dâram yek jây-i dar vasat beneshinam.

Ich möchte ganz vorn sitzen.

من دوست دارم کاملا جلو بنشینم.
man doost dâram kâmelan jelo beneshinam.

Können Sie mir etwas empfehlen?

می توانید چیزی به من توصیه کنید؟
mitavânid chizi be man tosie konid?

Wann beginnt die Vorstellung?

نمایش چه موقع شروع می شود؟
namâyesh che moghe shoru mishavad?

Können Sie mir eine Karte besorgen?

می توانید برای من یک بلیط تهیه کنید؟
mitavânid barâye man yek belit tahiye konid?

Ist hier in der Nähe ein Golfplatz?

آیا این نزدیکی ها یک زمین گلف وجود دارد؟
âyâ in nazdiki-hâ yek zamine golf vojud dârad?

Ist hier in der Nähe ein Tennisplatz?

آیا این نزدیکی ها یک زمین تنیس وجود دارد؟
âyâ in nazdiki-hâ yek zamine tenis vojud dârad?

Ist hier in der Nähe ein Hallenbad?

آیا این نزدیکی ها یک استخر سرپوشیده وجود دارد؟
âyâ in nazdiki-hâ yek estakhre sar-pushide vojud dârad?

Im Kino

در سینما
dar sinemâ

Wir wollen ins Kino.	ما می خواهیم به سینما برویم.
	mâ mikhâhim be sinemâ beravim.
Heute läuft ein guter Film.	امروز فیلم خوبی روی پرده است.
	emrooz filme khubi rooye parde ast.
Der Film ist ganz neu.	این فیلم کاملا جدید است.
	in film kâmelan jadid ast.
Wo ist die Kasse?	گیشه فروش بلیط کجاست؟
	gishe-ye forushe belit kojâst?
Gibt es noch freie Plätze?	هنوز صندلی خالی وجود دارد؟
	hanuz sandali-ye khâli vojud dârad?
Was kosten die Eintrittskarten?	قیمت بلیط چند است؟
	ghymate belit chand ast?
Wann beginnt die Vorstellung?	نمایش فیلم چه موقع شروع می شود؟
	namâyeshe film che moghe shoru-e mishavad?
Wie lange dauert der Film?	نمایش فیلم چه مدت طول می کشد؟
	namâyeshe film che mod-dat tool mikeshad?
Kann man Karten reservieren?	می توان بلیط رزرو کرد؟
	mitavân belit rezerv kard?

Im Kino

در سینما
dar sinemâ

Ich möchte hinten sitzen.

من دوست دارم عقب بنشینم.
man doost dâram aghab beneshinam.

Ich möchte vorn sitzen.

من دوست دارم جلو بنشینم.
man doost dâram jolo beneshinam.

Ich möchte in der Mitte sitzen.

من دوست دارم وسط بنشینم.
man doost dâram vasat beneshinam.

Der Film war spannend.

فیلم مهیج بود.
film moha-yej bud.

Der Film war nicht langweilig.

فیلم خسته کننده نبود.
film khaste konande nabud.

Aber das Buch zum Film war besser.

اما کتاب مربوط به این فیلم بهتر بود.
ammâ ketâbe marbut be in film behtar bud.

Wie war die Musik?

موزیک چطور بود؟
muzik chetor bud?

Wie waren die Schauspieler?

هنرپیشه ها چطور بودند؟
honarpishe-hâ chetor budand?

Gab es Untertitel in englischer Sprache?

آیا زیر نویس انگلیسی داشت؟
âyâ zirnevise engelisi dâsht?

In der Diskothek

در دیسکو
dar disko

Ist der Platz hier frei?	این صندلی خالی است؟
	in sandali khâli ast?
Darf ich mich zu Ihnen setzen?	اجازه هست کنار شما بنشینیم؟
	ejâze hast kenâre shomâ beneshinam?
Gern.	با کمال میل.
	bâ kamâle mail.
Wie finden Sie die Musik?	نظرتان درمورد موسیقی چیست؟
	nazaretân dar morede musighi chist?
Ein bisschen zu laut.	صدای آن کمی بلند است.
	sedâye ân kami boland ast.
Aber die Band spielt ganz gut.	اما گروه موسیقی کارش را نسبتا خوب انجام می دهد.
	ammâ goruhe musighi kârash râ nesbatan khub anjâm midahad.
Sind Sie öfter hier?	شما زیاد اینجا می آیید؟
	shomâ zi-yâd injâ mi-â-id?
Nein, das ist das erste Mal.	نه، این اولین بار است.
	na, in av-valin bâr ast.
Ich war noch nie hier.	من تا به حال اینجا نیامدم.
	man tâ be hâl injâ nayâmadam.

In der Diskothek

در دیسکو
dar disko

Tanzen Sie?	شما می رقصید؟
	shomâ miraghsid?
Später vielleicht.	شاید بعدا.
	shâyad ba-adan.
Ich kann nicht so gut tanzen.	من نمی توانم خوب برقصم.
	man nemitavânam khub beraghsam.
Das ist ganz einfach.	خیلی ساده است.
	khyli sâde ast.
Ich zeige es Ihnen.	من به شما نشان می دهم.
	man be shomâ neshân midaham.
Nein, lieber ein anderes Mal.	نه، ترجیح می دهم زمانی دیگر برقصم.
	na, tarjih midaham zamâni digar beraghsam.
Warten Sie auf jemand?	منتظر کسی هستید؟
	montazere kasi hastid?
Ja, auf meinen Freund.	بله، منتظر دوست پسرم هستم.
	bale, montazere doost pesaram hastam.
Da hinten kommt er ja!	آنجاست، دارد می آید!
	ânjâst, dârad mi-âyad.

Reisevorbereitung en

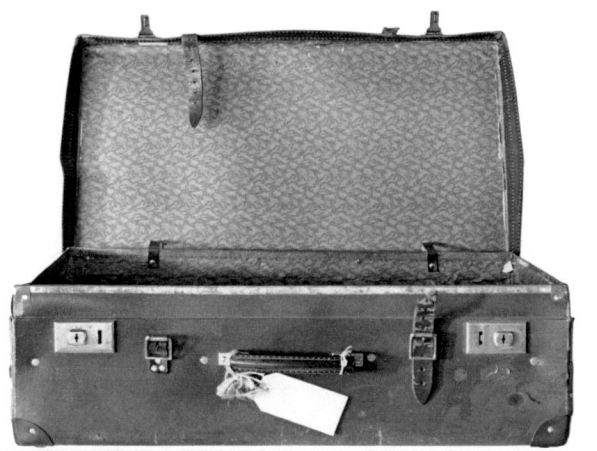

تدارک سفر
tadâroke safar

Du musst unseren Koffer packen!	تو باید چمدانمان را آماده کنی!
	to bâyad chamedânemân râ âmâde koni!
Du darfst nichts vergessen!	نباید چیزی را فراموش کنی!
	nabâyad chizi râ farâmush koni!
Du brauchst einen großen Koffer!	به یک چمدان بزرگ نیاز داری!
	be yek chamedâne bozorg niâz dâri!
Vergiss nicht den Reisepass!	پاسپورت را فراموش نکن.
	pâsport râ farâmush nakon.
Vergiss nicht das Flugticket!	بلیط هواپیما را فراموش نکن.
	belite havâpeymâ râ farâmush nakon.
Vergiss nicht die Reiseschecks!	چک های مسافرتی را فراموش نکن.
	chek-hâye mosâferati râ farâmush nakon.
Nimm Sonnencreme mit.	کرم ضدآفتاب را بردار.
	kereme zed-de âftâb râ bardâr.
Nimm die Sonnenbrille mit.	عینک آفتابی را بردار.
	eynake âftâbi râ bardâr.
Nimm den Sonnenhut mit.	کلاه آفتاب گیر را بردار.
	kolâhe âftâbgir râ bardâr.

⇨

Reisevorbereitung en

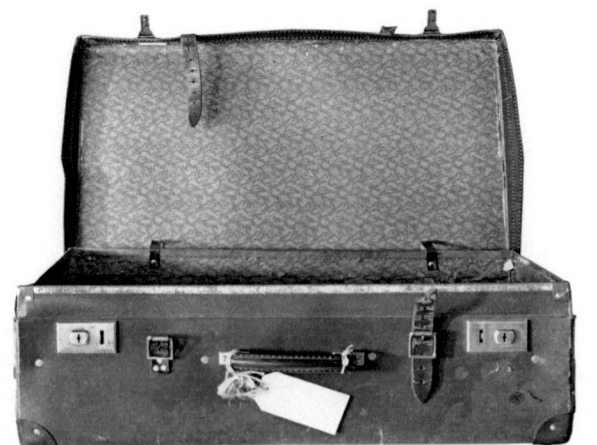

تدارک سفر
tadâroke safar

Willst du eine Straßenkarte mitnehmen?

می خواهی نقشه خیابانها را با خود ببری؟
mikhâ-hi naghshe-ye khiâbân-hâ râ bâ khod bebari?

Willst du einen Reiseführer mitnehmen?

می خواهی یک کتابچه راهنمای سفر با خود ببری؟
mikhâ-hi yek ketâb-che-ye râhnamâye safar bâ khod bebari?

Willst du einen Regenschirm mitnehmen?

می خواهی یک چتر با خود ببری؟
mikhâ-hi yek chatr bâ khod bebari?

Denk an die Hosen, die Hemden, die Socken.

حواست به شلوار ها، پیراهن ها و جوراب ها باشد.
havâsat be shalvâr-hâ, pirâhan-hâ va jurâb-hâ bâshad.

Denk an die Krawatten, die Gürtel, die Sakkos.

حواست به کراوات ها، کمربند ها و کت ها باشد.
havâsat be kerâvât-hâ kamarband-hâ va kot-hâ bâshad.

Denk an die Schlafanzüge, die Nachthemden und die T-Shirts.

حواست به لباس خواب ها، پیراهن شب و تی شرت ها باشد.
havâsat be lebâs khâb-hâ, pirâhane shab va ti shert-hâ bâshad.

Du brauchst Schuhe, Sandalen und Stiefel.

تو کفش، سندل و چکمه لازم داری.
to kafsh, sandal va chakme lâzem dâri.

Du brauchst Taschentücher, Seife und eine Nagelschere.

تو دستمال کاغذی ، صابون و ناخن گیر لازم داری.
to dastmâl kâghazi, sâbun va nâkhon-gir lâzem dâri.

Du brauchst einen Kamm, eine Zahnbürste und Zahnpasta.

تو یک شانه، یک مسواک و خمیردندان لازم داری.
to yek shâne, yek mesvâk va khamir dandân lâzem dâri.

Urlaubsaktivitäten

فعالیت های تعطیلاتی
fa-âliat-hâye tatilâti

Ist der Strand sauber?	ساحل تمیز است؟
	sâhel tamiz ast?
Kann man dort baden?	می توان آنجا شنا کرد؟
	mitavân ânjâ shenâ kard?
Ist es nicht gefährlich, dort zu baden?	شنا کردن در آنجا خطرناک نیست؟
	shenâ kardan dar ânjâ khatarnâk nist?

Kann man hier einen Sonnenschirm leihen?	می توان در اینجا یک چتر آفتابی کرایه کرد؟
	mitavân dar injâ yek chatre âftâbi kerâye kard?
Kann man hier einen Liegestuhl leihen?	می توان اینجا یک صندلی راحتی کرایه کرد؟
	mitavân injâ yek sandali-ye râhati kerâye kard?
Kann man hier ein Boot leihen?	می توان اینجا یک قایق کرایه کرد؟
	mitavân injâ yek ghâyegh kerâye kard?

Ich würde gern surfen.	دوست دارم موج سواری کنم.
	doost dâram moj-savâri konam.
Ich würde gern tauchen.	دوست دارم غواصی کنم.
	doost dâram ghavâsi konam.
Ich würde gern Wasserski fahren.	دوست دارم اسکی روی آب بروم.
	doost dâram eski rooye âb beravam.

Urlaubsaktivitäten

فعالیت های تعطیلاتی
fa-âliat-hâye tatilâti

Kann man ein Surfbrett mieten?	می توان یک تخته موج سواری کرایه کرد؟
	mitavân yek takhte-ye moj-savâri kerâye kard?
Kann man eine Taucherausrüstung mieten?	می توان وسائل غواصی کرایه کرد؟
	mitavân vasâ-ele ghavâsi kerâye kard?
Kann man Wasserskier mieten?	می توان اسکی های آب کرایه کرد؟
	mitavân eski-hâye âb kerâye kard?
Ich bin erst Anfänger.	من مبتدی هستم.
	man mobtadi hastam.
Ich bin mittelgut.	من به آن آشنایی دارم.
	man be ân âshenâ-i dâram.
Ich kenne mich damit schon aus.	من در آن نسبتاً خوب هستم.
	man dar ân nesbatan khub hastam.
Wo ist der Skilift?	بالابر اسکی کجاست؟
	bâlâbare eski kojâst?
Hast du denn Skier dabei?	تو وسایل اسکی همراه داری؟
	to vasâyele eski hamrâh dâri?
Hast du denn Skischuhe dabei?	کفش اسکی همراه داری؟
	kafshe eski hamrâh dâri?

49 [neunundvierzig]

Sport

ورزش
varzesh

Treibst du Sport?	تمرین می کنی؟ tamrin mikoni?
Ja, ich muss mich bewegen.	بله، من باید تمرین داشته باشم. bale, man bâyad tamrin dâshte bâsham.
Ich gehe in einen Sportverein.	من به یک باشگاه ورزشی می روم. man be yek bâshgâhe varzeshi miravam.
Wir spielen Fußball.	ما فوتبال بازی می کنیم. mâ footbâl bâzi mikonim.
Manchmal schwimmen wir.	گاهی اوقات شنا می کنیم. gâhi oghât shenâ mikonim.
Oder wir fahren Rad.	یا این که دوچرخه سواری می کنیم. yâ in ke docharkhe-savâri mikonim.
In unserer Stadt gibt es ein Fußballstadion.	در شهر ما یک استادیوم فوتبال وجود دارد. dar shahre mâ yek estâdiume footbâl vojud dârad.
Es gibt auch ein Schwimmbad mit Sauna.	یک استخر با سونا هم وجود دارد. yek estakhr bâ sonâ ham vojud dârad.
Und es gibt einen Golfplatz.	و یک زمین گلف هم وجود دارد. va yek zamine golf ham vojud dârad.

Sport

ورزش
varzesh

Was gibt es im Fernsehen?	تلویزیون چه برنامه ای دارد؟ televizion che barnâme-e dârad?
Gerade gibt es ein Fußballspiel.	الان یک بازی فوتبال در حال پخش است. al-ân yek bâzi-ye footbâl dar hâle pakhsh ast.
Die deutsche Mannschaft spielt gegen die englische.	تیم آلمان در مقابل تیم انگلیس بازی می کند. time âlmân dar moghâbele time engelis bâzi mikonad.
Wer gewinnt?	چه کسی (کدام تیم) برنده می شود؟ che kasi (kodâm tim) barande mishavad?
Ich habe keine Ahnung.	نمی دانم. nemidânam.
Im Moment steht es unentschieden.	فعلا بازی مساویست. fe-elan bâzi mosâvist.
Der Schiedsrichter kommt aus Belgien.	داور از بلژیک است. dâvar az beljik ast.
Jetzt gibt es einen Elfmeter.	الان پنالتی شد. al-ân penâlti shod.
Tor! Eins zu null!	گل! یک بر هیچ. gol! yek bar hich.

Im Schwimmbad

در استخر شنا

da estakhre shenâ

Heute ist es heiß.	امروز هوا خیلی گرم است.
	emrooz havâ khyli garm ast.
Gehen wir ins Schwimmbad?	به استخر برویم؟
	be estakhr beravim?
Hast du Lust, schwimmen zu gehen?	دوست داری برویم شنا؟
	doost dâri beravim shenâ?
Hast du ein Handtuch?	حوله داری؟
	hole dâri?
Hast du eine Badehose?	مایو داری؟
	mâyo dâri?
Hast du einen Badeanzug?	لباس شنا داری؟
	lebâse shenâ dâri?
Kannst du schwimmen?	شنا کردن بلدی؟
	shenâ kardan baladi?
Kannst du tauchen?	غواصی بلدی؟
	ghav-vâsi baladi?
Kannst du ins Wasser springen?	میتوانی شیرجه بزنی؟
	mitavâni shirje bezani?

Im Schwimmbad

در استخر شنا
da estakhre shenâ

Wo ist die Dusche?	دوش کجاست؟ doosh kojâst?
Wo ist die Umkleidekabine?	رختکن کجاست؟ rakht-kan kojâst?
Wo ist die Schwimmbrille?	عینک شنا کجاست؟ eynake shenâ kojâst?
Ist das Wasser tief?	آب استخر عمیق است؟ âbe estakhr amigh ast?
Ist das Wasser sauber?	آب تمیز است؟ âb tamiz ast?
Ist das Wasser warm?	آب گرم است؟ âb garm ast?
Ich friere.	من دارم یخ می زنم. man dâram yakh mizanam.
Das Wasser ist zu kalt.	آب زیادی سرد است. âb ziâdi sard ast.
Ich gehe jetzt aus dem Wasser.	من دیگر از آب خارج می شوم. man digar az âb khârej mishavam.

Besorgungen
machen

خرید مایحتاج
kharide mâ-yahtaj

Ich will in die Bibliothek.

من می خواهم به کتابخانه بروم.
man mikhâham be ketâbkhâne beravam.

Ich will in die Buchhandlung.

من می خواهم به کتاب فروشی بروم.
man mikhâham be ketâbforushi beravam.

Ich will zum Kiosk.

من می خواهم به کیوسک بروم.
man mikhâham be kiusk beravam.

Ich will ein Buch leihen.

من می خواهم یک کتاب به امانت بگیرم.
man mikhâham yek ketâb be amânat begiram.

Ich will ein Buch kaufen.

من می خواهم یک کتاب بخرم.
man mikhâham yek ketâb bekharam.

Ich will eine Zeitung kaufen.

من می خواهم یک روزنامه بخرم.
man mikhâham yek rooznâme bekharam.

Ich will in die Bibliothek, um ein Buch zu leihen.

من می خواهم به کتابخانه بروم تا یک کتاب به امانت بگیرم.
man mikhâham be ketâbkhâne beravam tâ yek ketâb be amânat begiram.

Ich will in die Buchhandlung, um ein Buch zu kaufen.

من می خواهم به کتابفروشی بروم تا یک کتاب بخرم.
man mikhâham be ketâbforushi beravam tâ yek ketâb bekharam.

Ich will zum Kiosk, um eine Zeitung zu kaufen.

من می خواهم به کیوسک بروم تا یک روزنامه بخرم.
man mikhâham be kiusk beravam tâ yek rooznâme bekharam.

Besorgungen machen

خرید مایحتاج
kharide mâ-yahtaj

Ich will zum Optiker.	من می خواهم به عینک فروشی بروم. man mikhâham be eynak-forushi beravam.
Ich will zum Supermarkt.	من می خواهم به سوپر مارکت بروم. man mikhâham be supermârket beravam.
Ich will zum Bäcker.	من می خواهم به نانوایی بروم. man mikhâham be nânvâ-i beravam.
Ich will eine Brille kaufen.	من می خواهم یک عینک بخرم. man mikhâham yek eynak bekharam.
Ich will Obst und Gemüse kaufen.	من می خواهم میوه و سبزی بخرم. man mikhâham mive va sabzi bekharam.
Ich will Brötchen und Brot kaufen.	من می خواهم نان صبحانه و نان بخرم. man mikhâham nâne sobhâne va nân bekharam.
Ich will zum Optiker, um eine Brille zu kaufen.	من می خواهم به عینک فروشی بروم تا یک عینک بخرم. man mikhâham be eynak-forushi beravam tâ yek eynak bekharam.
Ich will zum Supermarkt, um Obst und Gemüse zu kaufen.	من می خواهم به سوپر مارکت بروم تا میوه و سبزی بخرم. man mikhâham be supermârket beravam tâ mive va sabzi bekharam.
Ich will zum Bäcker, um Brötchen und Brot zu kaufen.	من می خواهم به نانوایی بروم تا نان صبحانه و نان بخرم. man mikhâham be nânvâ-i beravam tâ nâne sobhâne va nân bekharam.

Im Kaufhaus

در فروشگاه
dar forush-gâh

Gehen wir in ein Kaufhaus?	برویم به یک فروشگاه؟
	beravim be yek forush-gâh?
Ich muss Einkäufe machen.	من باید خریدهایم را انجام دهم.
	man bâyad kharid-hâyam râ anjâm daham.
Ich will viel einkaufen.	من می خواهم خیلی خرید کنم.
	man mikhâham khyli kharid konam.
Wo sind die Büroartikel?	لوازم اداری کجا هستند؟
	lavâzeme edâri kojâ hastand?
Ich brauche Briefumschläge und Briefpapier.	من پاکت نامه و کاغذ نامه لازم دارم.
	man pâkate nâm-e va kâghaz-e nâm-e lâzem dâram.
Ich brauche Kulis und Filzstifte.	من چند خودکار و ماژیک لازم دارم.
	man chand khodkâr va mâjik lâzem dâram.
Wo sind die Möbel?	مبل ها کجا هستند؟
	mobl-hâ kojâ hastand?
Ich brauche einen Schrank und eine Kommode.	من یک قفسه و یک دراور لازم دارم.
	man yek ghafase va yek derâver lâzem dâram.
Ich brauche einen Schreibtisch und ein Regal.	من یک میز تحریر و یک قفسه ی کتاب لازم دارم.
	man yek mize tahrir va yek ghafase-ye ketâb lâzem dâram.

⇨

52 [zweiundfünfzig]

Im Kaufhaus

Wo sind die Spielsachen?

Ich brauche eine Puppe und einen Teddybär.
Ich brauche einen Fußball und ein Schachspiel.

Wo ist das Werkzeug?

Ich brauche einen Hammer und eine Zange.
Ich brauche einen Bohrer und einen Schraubenzieher.

Wo ist der Schmuck?

Ich brauche eine Kette und ein Armband.

Ich brauche einen Ring und Ohrringe.

اسباب بازیها کجا هستند؟
asbâb bâzi-hâ kojâ hastand?
من یک عروسک و یک خرس پارچه ای لازم دارم.
man yek arusak va yek kherse parche-i lâzem dâram.
من یک توپ فوتبال و یک تخته شطرنج لازم دارم.
man yek toop-pe footbâl va yek takhte shatranj lâzem dâram.

ابزارآلات کجا هستند؟
abzâr âlât kojâ hastand?
من یک چکش و یک انبردست لازم دارم.
man yek chak-kosh va yek anbordast lâzem dâram.
من یک دریل و یک آچار لازم دارم.
man yek deril va yek âchâr lâzem dâram.

جواهرات کجا هستند؟
javâherât kojâ hastand?
من یک گردن بند و یک دست بند لازم دارم.
man yek gardanband va yek dastband lâzem dâram.
من یک حلقه و گوشواره لازم دارم.
man yek halghe va gushvâre lâzem dâram.

Geschäfte

مغازه ها

maghâze-hâ

Wir suchen ein Sportgeschäft.	ما در جستجوی یک فروشگاه ورزشی هستیم.
	mâ dar jost-o-juye yek forushgâhe varzeshi hastim.
Wir suchen eine Fleischerei.	ما در جستجوی یک قصابی هستیم.
	mâ dar jost-o-juye yek ghas-sâbi hastim.
Wir suchen eine Apotheke.	ما درجستجوی یک داروخانه هستیم.
	mâ dar jost-o-juye yek dârukhâne hastim.
Wir möchten nämlich einen Fußball kaufen.	چون که ما می خواهیم توپ فوتبال بخریم.
	chun ke mâ mikhâhim toop-pe footbâl bekharim.
Wir möchten nämlich Salami kaufen.	چون که ما می خواهیم کالباس بخریم.
	chun ke mâ mikhâhim kâlbâs bekharim.
Wir möchten nämlich Medikamente kaufen.	چون که ما می خواهیم دارو بخریم.
	chun ke mâ mikhâhim dâru bekharim.
Wir suchen ein Sportgeschäft, um einen Fußball zu kaufen.	دنبال فروشگاه ورزشی میگردیم تا توپ فوتبال بخریم.
	donbâle forush-gâhe varzeshi migardim tâ toop-pe footbâl bekharim.
Wir suchen eine Fleischerei, um Salami zu kaufen.	دنبال قصابی می گردیم تا کالباس بخریم.
	donbâle ghas-sâbi migardim tâ kâlbâs bekharim.
Wir suchen eine Apotheke, um Medikamente zu kaufen.	دنبال داروخانه می گردیم تا دارو بخریم.
	donbâle dârukhâne migardim tâ dâru bekharim.

Geschäfte

مغازه ها
maghâze-hâ

Ich suche einen Juwelier.	من در جستجوی یک جواهر فروشی هستم.
	man dar jost-o-juye yek javâher-forushi hastam.
Ich suche ein Fotogeschäft.	من در جستجوی یک مغازه عکاسی هستم.
	man dar jost-o-juye yek maghâze-e ak-kâsi hastam.
Ich suche eine Konditorei.	من در جستجوی یک قنادی هستم.
	man dar jost-o-juye yek ghan-nâdi hastam.

Ich habe nämlich vor, einen Ring zu kaufen.	من قصد دارم یک حلقه بخرم.
	man ghasd dâram yek halghe bekharam.
Ich habe nämlich vor, einen Film zu kaufen.	من قصد دارم یک حلقه فیلم بخرم.
	man ghasd dâram yek halghe film bekharam.
Ich habe nämlich vor, eine Torte zu kaufen.	من قصد دارم یک کیک بخرم.
	man ghasd dâram yek keyk bekharam.

Ich suche einen Juwelier, um einen Ring zu kaufen.	من در جستجوی یک جواهر فروشی هستم تا یک حلقه بخرم.
	man dar jost-o-juye yek javâher-forushi hastam tâ yek halghe bekharam.
Ich suche ein Fotogeschäft, um einen Film zu kaufen.	من در جستجوی یک عکاسی هستم تا یک حلقه فیلم بخرم.
	man dar jost-o-juye yek ak-kâsi hastam tâ yek halghe film bekharam.
Ich suche eine Konditorei, um eine Torte zu kaufen.	من در جستجوی یک قنادی هستم تا یک کیک بخرم.
	man dar jost-o-juye yek ghan-nâdi hastam tâ yek keyk bekharam.

Einkaufen

خرید
kharid

Ich möchte ein Geschenk kaufen.	من می خواهم یک کادو بخرم.
	man mikhâham yek kâdo bekharam.
Aber nichts allzu Teueres.	اما نه چندان گران.
	ammâ na chandân gerân.
Vielleicht eine Handtasche?	شاید یک کیف دستی؟
	shâyad yek kife dasti.
Welche Farbe möchten Sie?	چه رنگی دوست دارید؟
	che rangi doost dârid?
Schwarz, braun oder weiß?	سیاه، قهوه ای یا سفید؟
	siâh, ghahve-i yâ sefid?
Eine große oder eine kleine?	بزرگ باشد یا کوچک؟
	bozorg bâshad yâ kuchak?
Darf ich diese mal sehen?	می توانم این یکی را ببینم؟
	mitavânam in yeki râ bebinam?
Ist die aus Leder?	این از جنس چرم است؟
	in az jense charm ast?
Oder ist die aus Kunststoff?	یا از مواد مصنوعی است؟
	yâ az mavâde masnu-i ast?

⇨

Einkaufen

خرید
kharid

Aus Leder natürlich.	قطعاً چرمی است. ghat-an charmi ast.
Das ist eine besonders gute Qualität.	از کیفیت بسیار خوبی برخوردار است. az keyfiate besyâr khubi barkhordâr ast.
Und die Handtasche ist wirklich sehr preiswert.	و قیمت کیف دستی واقعاً مناسب است. va ghymate kif dasti vâghe-an monâseb ast.
Die gefällt mir.	از این یکی خوشم می آید. az in yeki khosham mi-âyad.
Die nehme ich.	این یکی را بر می دارم. in yeki râ bar midâram.
Kann ich die eventuell umtauschen?	شاید بخواهم آن را عوض کنم، امکان دارد؟ shâyad bekhâham ân râ avaz konam, emkân dârad?
Selbstverständlich.	بله، مسلماً. bale, mosalaman.
Wir packen sie als Geschenk ein.	آن را به صورت کادو بسته بندی می کنیم. ân râ be surate kâdo baste-bandi mikonim.
Dort drüben ist die Kasse.	آن روبرو صندوق پرداخت است. ân rooberoo sandughe pardâkht ast.

Arbeiten

کار
kâr

Was machen Sie beruflich?	شغل شما چیست؟ shoghle shomâ chist?
Mein Mann ist Arzt von Beruf.	شوهر من پزشک است. shohare man pezeshk ast.
Ich arbeite halbtags als Krankenschwester.	من نیمه وقت به عنوان پرستار کار می کنم. man nime vaght be onvâne parastâr kâr mikonam.
Bald bekommen wir Rente.	به زودی حقوق بازنشستگی ما پرداخت می شود. be zudi hoghughe bâz-neshastegi-e mâ pardâkht mishavad.
Aber die Steuern sind hoch.	اما مالیات ها زیاد هستند. ammâ mâliât-hâ ziâd hastand.
Und die Krankenversicherung ist hoch.	و بیمه درمانی بالاست (زیاد است). va bime-ye darmâni bâlâst (zi-yâd ast)
Was willst du einmal werden?	تو می خواهی چکاره بشوی؟ to mikhâ-hi chekâre beshavi?
Ich möchte Ingenieur werden.	من می خواهم مهندس بشوم. man mikhâham mohandes beshavam.
Ich will an der Universität studieren.	من می خواهم در دانشگاه تحصیل کنم. man mikhâham dar dânesh-gâh tahsil konam.

Arbeiten

کار
kâr

Ich bin Praktikant.	من کارآموز هستم.
	man kârâmuz hastam.
Ich verdiene nicht viel.	درآمدم زیاد نیست.
	darâmadam zi-yâd nist.
Ich mache ein Praktikum im Ausland.	من در خارج از کشور کارآموزی می کنم.
	man dar khârej az keshvar kârâmuzi mikonam.

Das ist mein Chef.	این رئیس من است.
	in ra-ise man ast.
Ich habe nette Kollegen.	من همکارهای مهربانی دارم.
	man hamkâr-hâye mehrabâni dâram.
Mittags gehen wir immer in die Kantine.	ظهرها همیشه به سلف اداره می رویم.
	zoh-hâ hamishe be selfe edâre miravim.

Ich suche eine Stelle.	من در جستجوی کار هستم.
	man dar jost-o-juye kâr hastam.
Ich bin schon ein Jahr arbeitslos.	من یک سال است که بیکار هستم.
	man yek sâl ast ke bikâr hastam.
In diesem Land gibt es zu viele Arbeitslose.	در این کشور بیکار زیاد است.
	dar in keshvar bikâr zi-yâd ast.

Gefühle

احساس ها
ehsâs-hâ

Lust haben

تمایل به انجام کاری داشتن
tamâyol be anjâme kâri dâshtan

Wir haben Lust.

ما تمایل به انجام کاری را داریم.
mâ tamâyol be anjâme kâri râ dârim.

Wir haben keine Lust.

ما تمایل به انجام کاری را نداریم.
mâ tamâyol be anjâme kâri râ nadârim.

Angst haben

ترس داشتن
tars dâshtan

Ich habe Angst.

من می ترسم.
man mitarsam.

Ich habe keine Angst.

من نمی ترسم.
man nemitarsam.

Zeit haben

وقت داشتن
vaght dâshtan.

Er hat Zeit.

او (مرد) وقت دارد.
oo vaght dârad.

Er hat keine Zeit.

او (مرد) وقت ندارد.
oo vaght nadârad.

Gefühle

احساس ها
ehsâs-hâ

Langeweile haben	بی حوصله بودن bi-hosele budan.
Sie hat Langeweile.	او (زن) بی حوصله است. oo bi-hosele ast.
Sie hat keine Langeweile.	او (زن) حوصله دارد. oo hosele dârad.
Hunger haben	گرسنه بودن gorosne budan.
Habt ihr Hunger?	شما گرسنه هستید؟ shomâ gorosne hastid?
Habt ihr keinen Hunger?	شما گرسنه نیستید؟ shomâ gorosne nistid?
Durst haben	تشنه بودن teshne budan
Sie haben Durst.	آنها تشنه هستند. ânhâ teshne hastand.
Sie haben keinen Durst.	آنها تشنه نیستند. ânhâ teshne nistand.

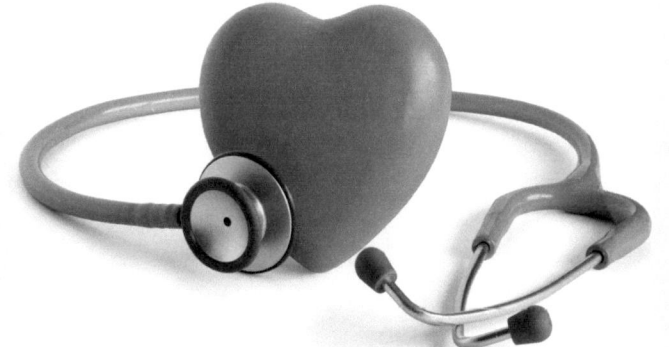

Beim Arzt

Ich habe einen Termin beim Arzt.	من وقت دکتر دارم.
	man vaghte doktor dâram.
Ich habe den Termin um zehn Uhr.	وقت من ساعت ده می باشد.
	vaghte man sâ-ate dah mibâshad.
Wie ist Ihr Name?	اسم شما چیست؟
	esme shomâ chist?
Bitte nehmen Sie im Wartezimmer Platz.	لطفاً در اتاق انتظار تشریف داشته باشید.
	lotfan dar otâghe entezâr tashrif dâshte bâshid.
Der Arzt kommt gleich.	دکتر الان می آید.
	doktor al-ân mi-âyad.
Wo sind Sie versichert?	بیمه کجا هستید؟
	bime-ye kojâ hastid?
Was kann ich für Sie tun?	چکار می توانم برای شما انجام دهم؟
	chekâr mitavânam barâye shomâ anjâm daham?
Haben Sie Schmerzen?	درد دارید؟
	dard dârid?
Wo tut es weh?	کجای بدن شما درد می کند؟
	kojâye badane shomâ dard mikonad?

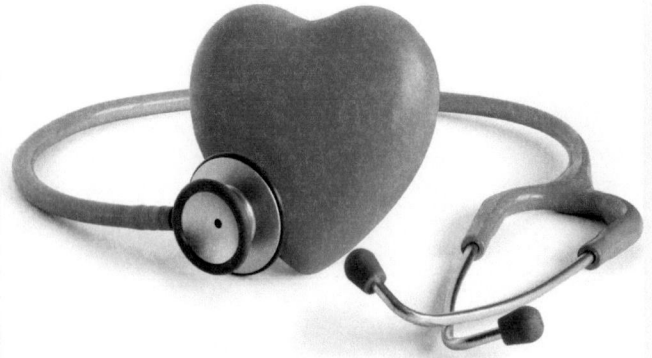

Beim Arzt

در مطب دکتر
dar matab-be doktor

Ich habe immer Rückenschmerzen.	من همیشه کمر درد دارم. man hamishe kamar dard dâram.
Ich habe oft Kopfschmerzen.	من اغلب سردرد دارم. man aghlab sar-dard dâram.
Ich habe manchmal Bauchschmerzen.	من گاهی اوقات دل درد دارم. man gâhi oghât del-dard dâram.
Machen Sie bitte den Oberkörper frei!	لطفآ بالاتنه خود را آزاد کنید! lotfan bâlâ tane-e khod râ âzâd konid!
Legen Sie sich bitte auf die Liege!	لطفآ روی تخت دراز بکشید! lotfan rooye takht derâz bekeshid!
Der Blutdruck ist in Ordnung.	فشارخون شما خوب است. feshâre khune shomâ khub ast.
Ich gebe Ihnen eine Spritze.	من یک آمپول برایتان می نویسم. man yek âmpool barâyetân minevisam.
Ich gebe Ihnen Tabletten.	من برایتان قرص می نویسم. man barâyetân ghors minevisam.
Ich gebe Ihnen ein Rezept für die Apotheke.	من یک نسخه برای داروخانه به شما می دهم. man yek noskhe barâye dârukhâne be shomâ midaham.

114

Körperteile

اعضای بدن
a-azâye badan

Ich zeichne einen Mann.	من یک مرد طراحی می کنم. man yek mard tar-râhi mikonam.
Zuerst den Kopf.	ابتدا سر ebtedâ sar
Der Mann trägt einen Hut.	این مرد یک کلاه بر سر دارد. in mard yek kolâh bar sar dârad.
Die Haare sieht man nicht.	موها را نمی توان دید. muhâ râ nemitavân did.
Die Ohren sieht man auch nicht.	گوشها را هم نمی توان دید. gush-hâ râ ham nemitavân did.
Den Rücken sieht man auch nicht.	کمر را هم نمی توان دید. kamar râ ham nemitavân did.
Ich zeichne die Augen und den Mund.	من چشم ها و دهان را طراحی می کنم. man cheshm-hâ va dahân râ tar-râhi mikonam.
Der Mann tanzt und lacht.	آن مرد می رقصد و می خندد. ân mard miragh-sad va mikhan-dad
Der Mann hat eine lange Nase.	آن مرد یک بینی دراز دارد. ân mard yek bini-ye derâz dârad.

Körperteile

اعضای بدن
a-azâye badan

Er trägt einen Stock in den Händen.	او یک عصا در دستهایش دارد. oo yek asâ dar dast-hâyash dârad.
Er trägt auch einen Schal um den Hals.	او همچنین یک شال گردن به دورگردنش دارد. oo hamchenin yek shâl-gardan be dore gardanash dârad.
Es ist Winter und es ist kalt.	زمستان است و هوا سرد است. zemestân ast va havâ sard ast.
Die Arme sind kräftig.	بازو ها قوی هستند. bâzu-hâ ghavi hastand.
Die Beine sind auch kräftig.	پاها هم قوی هستند. pâ-hâ ham ghavi hastand.
Der Mann ist aus Schnee.	این مرد از برف درست شده است. in mard az barf dorost shode ast.
Er trägt keine Hose und keinen Mantel.	او شلوار یا پالتو نپوشیده است. oo shalvâr yâ pâlto napushide ast.
Aber der Mann friert nicht.	اما او سردش نیست (نمی لرزد). ammâ oo sardash nist (nemilarzad).
Er ist ein Schneemann.	او یک آدم برفی است. oo yek âdam barfi ast.

59 [neunundfünfzig]

Im Postamt

59 [پنجاه و نه]
59 [panjâ-ho-noh]

در اداره پست
dar edâre-ye post

Wo ist das nächste Postamt?	پستخانه بعدی کجاست؟
	postkhâne-ye ba-adi kojâst?
Ist es weit bis zum nächsten Postamt?	تا پستخانه بعدی خیلی راه است؟
	tâ postkhâne-ye ba-adi khyli râh ast?
Wo ist der nächste Briefkasten?	صندوق پست بعدی کجاست؟
	sandughe poste ba-adi kojâst?
Ich brauche ein paar Briefmarken.	من تعدادی تمبر لازم دارم.
	man te-edâdi tambr lâzem dâram.
Für eine Karte und einen Brief.	برای یک کارت پستال و یک نامه.
	barâye yek kârt postâl va yek nâmeh.
Wie teuer ist das Porto nach Amerika?	هزینه ارسال به آمریکا چقدر است؟
	hazine-ye ersâl be âmrikâ cheghadr ast?
Wie schwer ist das Paket?	وزن بسته چقدر است؟
	vazne baste cheghadr ast?
Kann ich es per Luftpost schicken?	می توانم آن را با پست هوایی ارسال کنم؟
	mitavânam ân râ bâ poste havâ-i ersâl konam?
Wie lange dauert es, bis es ankommt?	چه مدت طول می کشد تا محموله به مقصد برسد؟
	che mod-dat tool mikeshad tâ mahmule be maghsad beresad?

Im Postamt

در اداره پست
dar edâre-ye post

Wo kann ich telefonieren?

کجا می توانم تلفن بزنم؟
kojâ mitavânam telefon bezanam?

Wo ist die nächste Telefonzelle?

باجه تلفن بعدی کجاست؟
bâje-ye telefone ba-adi kojâst?

Haben Sie Telefonkarten?

کارت تلفن دارید؟
kârte telefon dârid?

Haben Sie ein Telefonbuch?

دفترچه تلفن دارید؟
daftar-che telefon dârid?

Kennen Sie die Vorwahl von Österreich?

پیش شماره کشور اتریش را می دانید؟
pish shomâre-ye keshvare otrish râ midânid?

Einen Augenblick, ich schau mal nach.

یک لحظه، می روم نگاه کنم.
yek lahze, miravam negâh konam.

Die Leitung ist immer besetzt.

تلفن همیشه اشغال است.
telefon hamishe eshghâl ast.

Welche Nummer haben Sie gewählt?

چه شماره ای را گرفتید؟
che shomâre-e râ gereftid?

Sie müssen zuerst die Null wählen!

ابتدا باید عدد صفر را بگیرید.
ebtedâ bâyad adade sefr râ begirid.

In der Bank

در بانک
dar bânk

Ich möchte ein Konto eröffnen.	من می خواهم یک حساب باز کنم.
	man mikhâham yek hesâb bâz konam.
Hier ist mein Pass.	این پاسپورت من است.
	in pâsporte man ast.
Und hier ist meine Adresse.	و این آدرس من است.
	va in âdrese man ast.
Ich möchte Geld auf mein Konto einzahlen.	من می خواهم پول به حسابم واریز کنم.
	man mikhâham pool be hesâbam vâriz konam.
Ich möchte Geld von meinem Konto abheben.	من می خواهم از حسابم پول برداشت کنم.
	man mikhâham az hesâbam pool bardâsht konam.
Ich möchte die Kontoauszüge abholen.	من می خواهم موجودی حسابم را بگیرم.
	man mikhâham mojudi-ye hesâbam râ begiram.
Ich möchte einen Reisescheck einlösen.	من می خواهم یک چک مسافرتی را نقد کنم.
	man mikhâham yek cheke mosâferati râ naghd konam.
Wie hoch sind die Gebühren?	مبلغ کارمزد چقدر است؟
	mablaghe kârmozd cheghadr ast?
Wo muss ich unterschreiben?	کجا را باید امضا کنم؟
	kojâ râ bâyad emzâ konam?

In der Bank

در بانک
dar bânk

Ich erwarte eine Überweisung aus Deutschland.

من منتظر یک حواله بانکی از آلمان هستم.
man montazere yek havâle-ye bânki az âlmân hastam.

Hier ist meine Kontonummer.

این شماره حسابم است.
in shomâre hesâbam ast.

Ist das Geld angekommen?

پول رسیده است؟
pool reside ast?

Ich möchte dieses Geld wechseln.

من می خواهم این پول را به ارز دیگری تبدیل نمایم.
man mikhâham in pool râ be arze digari tabdil namâyam.

Ich brauche US-Dollar.

من به دلار آمریکا نیاز دارم.
man be dolâre âmrikâ niâz dâram.

Bitte geben Sie mir kleine Scheine.

لطفآ اسکناس های ریز به من بدهید.
lotfan eskenâs-hâye riz be man bedahid.

Gibt es hier einen Geldautomat?

آیا اینجا دستگاه عابر بانک وجود دارد؟
âyâ injâ dastgâhe âber bânk vojud dârad?

Wie viel Geld kann man abheben?

چه مقدار پول می توان برداشت نمود؟
che meghdâr pool mitavân bardâsht nemud?

Welche Kreditkarten kann man benutzen?

کدام کارت های اعتباری را می توان استفاده کرد؟
kodâm kârt-hâye e-etebâri râ mitavân estefâde kârd?

Ordinalzahlen

اعداد ترتیبی
adâde tartibi

Der erste Monat ist der Januar.

اولین ماه ژانویه است.
avalin mâh jânvie ast.

Der zweite Monat ist der Februar.

دومین ماه فوریه است.
dovomin mâh fevrie ast.

Der dritte Monat ist der März.

سومین ماه مارس است.
sevomin mâh mârs ast.

Der vierte Monat ist der April.

چهارمین ماه آوریل است.
cha-hâromin mâh âvril ast.

Der fünfte Monat ist der Mai.

پنجمین ماه می است.
panjomin mâh meh ast.

Der sechste Monat ist der Juni.

ششمین ماه ژوئن است.
sheshomin mâh juan ast.

Sechs Monate sind ein halbes Jahr.

شش ماه، یک نیمسال محسوب می شوند.
shesh mâh, yek nim-sâl mahsub mishavand.

Januar, Februar, März,

ژانویه، فوریه، مارس،
jânvie, fevrie, mârs

April, Mai und Juni.

آوریل، می، ژوئن.
âvril, meh, juan

Ordinalzahlen

اعداد ترتیبی
adâde tartibi

Der siebte Monat ist der Juli.

ماه هفتم ژوئیه است.
mâhe haftom juiye ast.

Der achte Monat ist der August.

ماه هشتم آگوست است.
mâhe hashtom âgust ast.

Der neunte Monat ist der September.

ماه نهم سپتامبر است.
mâhe nohom septâmbr ast.

Der zehnte Monat ist der Oktober.

ماه دهم اکتبر است.
mâhe dahom oktobr ast.

Der elfte Monat ist der November.

ماه یازدهم نوامبر است.
mâhe yâzdahom novâmbr ast.

Der zwölfte Monat ist der Dezember.

ماه دوازدهم دسامبر است.
mâhe davâzdahom desâmbr ast.

Zwölf Monate sind ein Jahr.

دوازده ماه، یک سال را تشکیل می دهند.
davâzdah mâh, yek sâl râ tashkil midahand.

Juli, August, September,

ژوئیه، آگوست، سپتامبر،
juiye, âgust, septâmbr

Oktober, November und Dezember.

اکتبر، نوامبر، دسامبر.
oktobr, novâmbr, desâmbr

Fragen stellen 1

lernen

Lernen die Schüler viel?

Nein, sie lernen wenig.

یادگیری
yâdgiri

دانش آموزان زیاد درس می خوانند؟
dânesh-âmuzân ziâd dars mikhânand?

نه، آنها زیاد درس نمی خوانند.
na, ânhâ ziâd dars nemikhânand.

fragen

Fragen Sie oft den Lehrer?

Nein, ich frage ihn nicht oft.

سؤال کردن
soâl kardan

شما از معلم زیاد سؤال می کنید؟
shomâ az mo-alem ziâd soâl mikonid?

نه، من از او (مرد) زیاد سؤال نمی کنم.
na, man az oo (mard) ziâd soâl nemikonam.

antworten

Antworten Sie, bitte.

Ich antworte.

جواب دادن
javâb dâdan

لطفاً جواب دهید.
lotfan javâb dahid.

من جواب می دهم.
man javâb midaham.

Fragen stellen 1

سؤال کردن ۱
soâl kardan 1

arbeiten	کار کردن kâr kardan
Arbeitet er gerade?	او (مرد) الآن کار می کند؟ oo (mard) al-ân kâr mikonad?
Ja, er arbeitet gerade.	بله، او (مرد) الآن کار می کند. bale, oo (mard) al-ân kâr mikonad.
kommen	آمدن âmadan
Kommen Sie?	شما می آیید؟ shomâ mi-âyid?
Ja, wir kommen gleich.	بله، ما الآن می آییم. bale, mâ al-ân mi-âyim.
wohnen	زندگی (اقامت) کردن zendegi (eghâmat) kardan
Wohnen Sie in Berlin?	شما در برلین زندگی میکنید؟ shomâ dar berlin zendegi mikonid?
Ja, ich wohne in Berlin.	بله من در برلین زندگی می کنم. bale man dar berlin zendegi mikonam.

Fragen stellen 2

سؤال کردن ۲
soâl kardan 2

Ich habe ein Hobby.

.من یک سرگرمی دارم
man yek sargarmi dâram.

Ich spiele Tennis.

.من تنیس بازی می کنم
man tenis bâzi mikonam.

Wo ist ein Tennisplatz?

زمین تنیس کجاست؟
zamine tenis kojâst?

Hast du ein Hobby?

آیا تو یک سرگرمی داری؟
âyâ to yek sargarmi dâri?

Ich spiele Fußball.

.من فوتبال بازی می کنم
man footbâl bâzi mikonam.

Wo ist ein Fußballplatz?

زمین فوتبال کجاست؟
zamine footbâl kojâst?

Mein Arm tut weh.

.دستم درد می کند
dastam dard mikonad.

Mein Fuß und meine Hand tun auch weh.

.دست و پایم هم درد می کنند
dast va pâyam ham dard mikonand.

Wo ist ein Doktor?

یک دکتر کجاست؟
yek doktor kojâst?

Fragen stellen 2

سؤال کردن ۲
soâl kardan 2

Ich habe ein Auto.	من یک خودرو دارم. man yek khodro dâram.
Ich habe auch ein Motorrad.	من یک موتورسیکلت هم دارم. man yek motor-siklet ham dâram.
Wo ist ein Parkplatz?	پارکینگ کجاست؟ pârking kojâst?
Ich habe einen Pullover.	من یک پلیور دارم. man yek poliver dâram.
Ich habe auch eine Jacke und eine Jeans.	من یک کاپشن و یک شلوار جین نیز دارم. man yek kâpshen va yek shalvâre jin niz dâram.
Wo ist die Waschmaschine?	ماشین لباس شویی کجاست؟ mâshine lebâs-shu-yi kojâst?
Ich habe einen Teller.	من یک بشقاب دارم. man yek bosh-ghâb dâram.
Ich habe ein Messer, eine Gabel und einen Löffel.	من یک کارد، یک چنگال و یک قاشق دارم. man yek kârd, yek changâl va yek ghâshogh dâram.
Wo sind Salz und Pfeffer?	نمک و فلفل کجاست؟ namak va felfel kojâst?

Verneinung 1

نفی ۱
nafye 1

Ich verstehe das Wort nicht.

من کلمه را نمی فهمم.
man kalame râ nemifahmam.

Ich verstehe den Satz nicht.

من جمله را نمی فهمم.
man jomle râ nemifahmam.

Ich verstehe die Bedeutung nicht.

من معنی آن را نمی فهمم.
man ma-e-niye ân râ nemifahmam.

der Lehrer

معلم
mo-alem

Verstehen Sie den Lehrer?

گفته ی معلم را می فهمید؟
gofte-ye mo-alem râ mifahmid?

Ja, ich verstehe ihn gut.

بله، من گفته های او (مرد) را خوب می فهمم.
bale, man gofte-hâye oo (mard) râ khub mifahmam.

die Lehrerin

خانم معلم
khânom mo-alem

Verstehen Sie die Lehrerin?

گفته های خانم معلم را می فهمید؟
gofte-hâye khânom mo-alem râ mifahmid?

Ja, ich verstehe sie gut.

بله، گفته های او (زن) را می فهمم.
bale, gofte-hâye oo (zan) râ mifahmam.

Verneinung 1

نفی ۱
nafye 1

die Leute

مردم
mardom

Verstehen Sie die Leute?

حرفهای مردم را می فهمید؟
harf-hâye mardom râ mifahmid?

Nein, ich verstehe sie nicht so gut.

نه، حرفهای آنها را آنچنان خوب نمی فهمم.
na, harf-hâye ânhâ râ ânchenân khub nemifahmam.

die Freundin

دوست دختر
doost dokhtar

Haben Sie eine Freundin?

دوست دختر دارید؟
doost dokhtar dârid?

Ja, ich habe eine.

بله، دارم.
bale, dâram.

die Tochter

دختر
dokhtar

Haben Sie eine Tochter?

شما دختر دارید؟
shomâ dokhtar dârid?

Nein, ich habe keine.

نه، ندارم.
na, nadâram.

☐ yes
☒ no
☐ maybe

Verneinung 2

نفی ۲
nafye 2

Ist der Ring teuer?	این حلقه گران است؟
	in halghe gerân ast?
Nein, er kostet nur hundert Euro.	نه، قیمت این حلقه تنها صد یورو است.
	na, ghymate in halghe tanhâ sad yooro ast.
Aber ich habe nur fünfzig.	اما من فقط پنجاه یورو دارم.
	ammâ man faghat panjâh yooro dâram.
Bist du schon fertig?	تو کارت تمام شد؟
	to kârat tamâm shod?
Nein, noch nicht.	نه، هنوز نه.
	na, hanuz na.
Aber gleich bin ich fertig.	اما چند لحظه ی دیگر تمام می شود.
	ammâ chand lahze-ye digar tamâm mishavad.
Möchtest du noch Suppe?	باز هم سوپ می خوای؟
	bâz ham soop mikhâhi?
Nein, ich will keine mehr.	نه، دیگر نمی خواهم.
	na, digar nemikhâham.
Aber noch ein Eis.	اما یک بستنی می خواهم.
	ammâ yek bastani mikhâham.

⇨

yes
X no
maybe

Verneinung 2

نفی ۲
nafye 2

Wohnst du schon lange hier?

خیلی وقت هست اینجا زندگی می کنی؟
khyli vaght hast injâ zendegi mikoni?

Nein, erst einen Monat.

نه، تازه یک ماه است.
na, tâze yek mâh ast.

Aber ich kenne schon viele Leute.

اما با خیلی از مردم آشنا شدم.
ammâ bâ khyli az mardom âshenâ shodam.

Fährst du morgen nach Hause?

فردا می روی (با ماشین) خانه؟
fardâ miravi (bâ mâshin) khane?

Nein, erst am Wochenende.

نه، آخر هفته می روم.
na, âkhare hafte miravam.

Aber ich komme schon am Sonntag
zurück.

اما من یکشنبه بر می گردم.
ammâ man yek-shanbe bar migardam.

Ist deine Tochter schon erwachsen?

دختر تو بزرگ شده است؟
dokhtare to bozorg shode ast?

Nein, sie ist erst siebzehn.

نه، او تازه هفده سالش است.
na, oo tâze hefdah sâlash ast.

Aber sie hat schon einen Freund.

اما او یک دوست پسر دارد.
ammâ oo yek doost pesar dârad.

Possessivpronomen 1

ضمائر ملکی ۱
zamâyere melki 1

ich – mein

Ich finde meinen Schlüssel nicht.

Ich finde meine Fahrkarte nicht.

من — مال من
man - mâle man

من کلیدم را پیدا نمی کنم.
man kelidam râ peydâ nemikonam.

من بلیط اتوبوسم را پیدا نمی کنم.
man belite otobusam râ peydâ nemikonam.

du – dein

Hast du deinen Schlüssel gefunden?

Hast du deine Fahrkarte gefunden?

تو - مال تو
to - mâle to

کلیدت را پیدا کردی؟
kelidat râ peydâ kardi?

بلیط اتوبوست را پیدا کردی؟
belite otobusat râ peydâ kardi?

er – sein

Weißt du, wo sein Schlüssel ist?

Weißt du, wo seine Fahrkarte ist?

او(مرد)- مال او
oo (mard) - mâle oo

می دانی کلید او کجاست؟
midâni kelide oo kojâst?

می دانی بلیط اتوبوسش کجاست؟
midâni belite otobusash kojâst?

Possessivpronom
en 1

sie – ihr

Ihr Geld ist weg.

Und ihre Kreditkarte ist auch weg.

او(زن)- مال او
oo (zan) - mâle oo

پولش گم شده است.
poolash gom shode ast.

کارت اعتباریش هم گم شده است.
kârte e-etebâriash ham gom shode ast.

wir – unser

Unser Opa ist krank.

Unsere Oma ist gesund.

ما – مال ما
mâ - mâle mâ

پدربزرگمان مریض است.
pedar-bozorgemân mariz ast.

مادربزرگمان سالم است.
mâdar-bozorgemân sâlem ast.

ihr – euer

Kinder, wo ist euer Vati?

Kinder, wo ist eure Mutti?

شما (جمع) – مال شما
shomâ (jam-a) - mâle shomâ

بچه ها، پدرتان کجاست؟
bache-hâ, pedaretân kojâst?

بچه ها، مادرتان کجاست؟
bache-hâ, mâdaretân kojâst?

Possessivpronom
en 2

ضمائر ملکی ۲
zamâyere melki 2

die Brille	عینک eynak
Er hat seine Brille vergessen.	او (مرد) عینکش را فراموش کرده. oo (mard) eynakash râ farâmush karde.
Wo hat er denn seine Brille?	عینکش کجاست؟ eynakash kojâst?
die Uhr	ساعت sâ-at
Seine Uhr ist kaputt.	ساعت او (مرد) خراب است. sâ-ate oo (mard) kharâb ast.
Die Uhr hängt an der Wand.	ساعت به دیوار آویزان است. sâ-at be divâr âvizân ast.
der Pass	پاسپورت pâsport
Er hat seinen Pass verloren.	او (مرد) پاسپورتش را گم کرده. oo (mard) pâsportash râ gom karde.
Wo hat er denn seinen Pass?	پاسپورتش کجاست؟ pâsportash kojâst?

Possessivpronomen 2

ضمائر ملکی ۲
zamâyere melki 2

sie – ihr

Die Kinder können ihre Eltern nicht finden.

Aber da kommen ja ihre Eltern!

آنها-مال آنها
ânhâ - mâle ânhâ
بچه ها نمی توانند والدین خود را پیدا کنند.
bache-hâ nemitavânand vâledaine khod râ peydâ konand.
آنجا هستند، دارند می آیند!
ânjâ hastand, dârand mi-âyand.

Sie – Ihr

Wie war Ihre Reise, Herr Müller?

Wo ist Ihre Frau, Herr Müller?

شما (مخاطب مرد) – مال شما
shomâ (mokhâteb mard) - mâle shomâ
آقای مولر، مسافرتتان چگونه بود؟
âghâye muler, mosâferatetân chegune bud?
آقای مولر، همسرتان کجا هستند؟
âghâye muler, hamsaretân kojâ hastand?

Sie – Ihr

Wie war Ihre Reise, Frau Schmidt?

Wo ist Ihr Mann, Frau Schmidt?

شما (مخاطب مؤنث) – مال شما
shomâ (mokhâteb mo-anas) - mâle shomâ
خانم اشمیت، مسافرتتان چگونه بود؟
khânome shmit, mosâferatetân chegune bud?
خانم اشمیت، شوهرتان کجا هستند؟
khânome shmit, show-haretân kojâ hastand?

68 [achtundsechzig]

68 [شصت و هشت]
68 [shast-o-hasht]

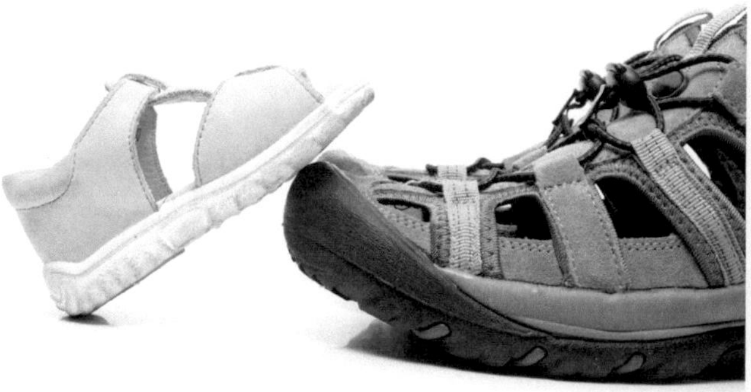

groß – klein

بزرگ – کوچک
bozorg - kuchak

groß und klein

بزرگ و کوچک
bozorg va kuchak

Der Elefant ist groß.

فیل بزرگ است.
fil bozorg ast.

Die Maus ist klein.

موش کوچک است.
mush kuchak ast.

dunkel und hell

تاریک و روشن
târik va roshan

Die Nacht ist dunkel.

شب تاریک است.
shab târik ast.

Der Tag ist hell.

روز روشن است.
rooz roshan ast.

alt und jung

پیر و جوان
pir va javân

Unser Großvater ist sehr alt.

پدربزرگمان خیلی پیر است.
pedar-bozorgemân khyli pir ast.

Vor 70 Jahren war er noch jung.

او ۷۰ سال پیش هنوز جوان بود.
oo haftâd sâl pish hanuz javân bud.

68 [achtundsechzig]

68 [شصت و هشت]
68 [shast-o-hasht]

groß – klein

بزرگ – کوچک
bozorg - kuchak

schön und hässlich

زیبا و زشت
zibâ va zesht

Der Schmetterling ist schön.

پروانه زیباست.
parvâne zibâst.

Die Spinne ist hässlich.

عنکبوت زشت است.
ankabut zesht ast.

dick und dünn

چاق و لاغر
châgh va lâghar

Eine Frau mit 100 Kilo ist dick.

یک زن با ۱۰۰ کیلو چاق است.
yek zan bâ sad kiloo châgh ast.

Ein Mann mit 50 Kilo ist dünn.

یک مرد با ۵۰ کیلو لاغر است.
yek mard bâ panjâh kiloo lâghar ast.

teuer und billig

گران و ارزان
gerân va arzân

Das Auto ist teuer.

اتوموبیل گران است.
otomobil gerân ast.

Die Zeitung ist billig.

روزنامه ارزان است.
rooznâme arzân ast.

136

brauchen –
wollen

لازم داشتن – خواستن
lâzem dâshtan - khâstan

Ich brauche ein Bett.	من به یک تخت خواب احتیاج دارم.
	man be yek takhte khâb ehtiâj dâram.
Ich will schlafen.	من میخواهم بخوابم.
	man mikhâham bekhâbam.
Gibt es hier ein Bett?	اینجا تخت خواب وجود دارد؟
	injâ takhte khâb vojud dârad?
Ich brauche eine Lampe.	من یک لامپ احتیاج دارم.
	man yek lâmp ehtiâj dâram.
Ich will lesen.	من می خواهم بخوانم (مطالعه کنم).
	man mikhâham bekhânam (motâle-e konam)
Gibt es hier eine Lampe?	اینجا لامپ وجود دارد؟
	injâ lâmp vojud dârad?
Ich brauche ein Telefon.	من یک تلفن لازم دارم.
	man yek telefon lâzem dâram.
Ich will telefonieren.	من می خواهم تلفن کنم.
	man mikhâham telefon konam.
Gibt es hier ein Telefon?	اینجا تلفن وجود دارد؟
	injâ telefon vojud dârad?

brauchen – wollen

لازم داشتن – خواستن
lâzem dâshtan - khâstan

Ich brauche eine Kamera.	من یک دوربین لازم دارم. man yek durbin lâzem dâram.
Ich will fotografieren.	من می خواهم عکاسی کنم. man mikhâham ak-kâsi konam.
Gibt es hier eine Kamera?	اینجا دوربین وجود دارد؟ injâ durbin vojud dârad?
Ich brauche einen Computer.	من یک کامپیوتر لازم دارم. man yek kâmputer lâzem dâram.
Ich will eine E-Mail schicken.	من می خواهم یک ایمیل (پست الکترونیک) بفرستم. man mikhâham yek email (post elektronik) befrestam.
Gibt es hier einen Computer?	اینجا یک کامپیوتر وجود دارد؟ injâ yek kâmputer vojud dârad?
Ich brauche einen Kuli.	من یک خودکار لازم دارم. man yek khodkâr lâzem dâram.
Ich will etwas schreiben.	می خواهم چیزی بنویسم. mikhâham chizi benevisam.
Gibt es hier ein Blatt Papier und einen Kuli?	اینجا یک برگ کاغذ و یک خودکار وجود دارد؟ injâ yek barg kâghaz va yek khodkâr vojud dârad?

etwas mögen

چیزی خواستن
chizi khâstan

Möchten Sie rauchen?	می خواهید سیگار بکشید؟ mikhâhid sigâr bekeshid?
Möchten Sie tanzen?	می خواهید برقصید؟ mikhâhid beraghsid?
Möchten Sie spazieren gehen?	می خواهید پیاده روی کنید؟ mikhâhid piâde ravi konid?
Ich möchte rauchen.	من می خواهم سیگار بکشم. man mikhâham sigâr bekesham.
Möchtest du eine Zigarette?	یک نخ سیگار می خواهی ؟ yek nakh sigâr mikhâhi?
Er möchte Feuer.	او آتش (فندک) می خواهد. oo âtash (fandak) mikhâhad.
Ich möchte etwas trinken.	من می خواهم چیزی بنوشم. man mikhâham chizi benuscham.
Ich möchte etwas essen.	من می خواهم چیزی بخورم. man mikhâham chizi bokhoram.
Ich möchte mich etwas ausruhen.	من می خواهم کمی استراحت کنم. man mikhâham kami esterâhat konam.

etwas mögen

چیزی خواستن
chizi khâstan

Ich möchte Sie etwas fragen.	من می خواهم از شما سؤال کنم. man mikhâham az shomâ soâl konam.
Ich möchte Sie um etwas bitten.	من می خواهم از شما تقاضای چیزی کنم. man mikhâham az shomâ taghâzâye chizi konam.
Ich möchte Sie zu etwas einladen.	من می خواهم شما را به چیزی دعوت کنم. man mikhâham shomâ râ be chizi da-avat konam.
Was möchten Sie bitte?	شما چه می خواهید (چه میل دارید)؟ shomâ che mikhâhid (che mail dârid)?
Möchten Sie einen Kaffee?	یک قهوه می خواهید ؟ yek ghahve mikhâhid?
Oder möchten Sie lieber einen Tee?	یا این که ترجیحاً یک چای می خواهید ؟ yâ in ke tarjihan yek châye mikhâhid?
Wir möchten nach Hause fahren.	ما می خواهیم با ماشین به خانه برویم. mâ mikhâhim bâ mâshin be khâne beravim.
Möchtet ihr ein Taxi?	شما تاکسی می خواهید؟ shomâ tâxi mikhâhid?
Sie möchten telefonieren.	آنها می خواهند تلفن کنند. ânhâ mikhâhand telefon konand.

etwas wollen

چیزی خواستن
chizi khâstan

Was wollt ihr?	شما چه می خواهید؟ shomâ che mikhâhid?
Wollt ihr Fußball spielen?	می خواهید فوتبال بازی کنید؟ mikhâhid footbâl bâzi konid?
Wollt ihr Freunde besuchen?	می خواهید به ملاقات دوستان بروید؟ mikhâhid be molâghâte doostân beravid?
wollen	خواستن khâstan
Ich will nicht spät kommen.	من نمی خواهم دیر بیایم. man nemikhâham dir biâyam.
Ich will nicht hingehen.	من نمی خواهم آنجا بروم. man nemikhâham ânjâ beravam.
Ich will nach Hause gehen.	من می خواهم به خانه بروم. man mikhâham be khâne beravam.
Ich will zu Hause bleiben.	من می خواهم در خانه بمانم. man mikhâham dar khâne bemânam.
Ich will allein sein.	من می خواهم تنها باشم. man mikhâham tanhâ bâsham.

etwas wollen

چیزی خواستن
chizi khâstan

Willst du hier bleiben?	تو می خواهی اینجا بمانی؟
	to mikhâhi injâ bemâni?
Willst du hier essen?	تو می خواهی اینجا غذا بخوری؟
	to mikhâhi injâ ghazâ bokhori?
Willst du hier schlafen?	تو می خواهی اینجا بخوابی؟
	to mikhâhi injâ bekhâbi?
Wollen Sie morgen abfahren?	می خواهید فردا راه بیفتید (با ماشین)؟
	mikhâhid fardâ râh bioftid (bâ mâschin)?
Wollen Sie bis morgen bleiben?	می خواهید تا فردا بمانید؟
	mikhâhid tâ fardâ bemânid?
Wollen Sie die Rechnung erst morgen bezahlen?	می خواهید صورت حساب را فردا پرداخت نمائید؟
	mikhâhid surat hesâb râ fardâ pardâkht namâ-id?
Wollt ihr in die Disko?	می خواهید به دیسکو بروید؟
	mikhâhid be disko beravid?
Wollt ihr ins Kino?	می خواهید به سینما بروید؟
	mikhâhid be sinemâ beravid?
Wollt ihr ins Café?	می خواهید به کافه بروید؟
	mikhâhid be kâfe beravid?

etwas müssen

چیزی که باید انجام گیرد

chizi ke bâyad anjâm girad

müssen	بایستن
	bâyestan
Ich muss den Brief verschicken.	من باید نامه را بفرستم.
	man bâyad nâme râ befrestam.
Ich muss das Hotel bezahlen.	من باید پول هتل را پرداخت نمایم.
	man bâyad poole hotel râ pardâkht namâyam.
Du musst früh aufstehen.	تو باید صبح زود از خواب بلند شوی.
	to bâyad sobhe zud az khâb boland shavi.
Du musst viel arbeiten.	تو باید خیلی کار کنی.
	to bâyad khyli kâr koni.
Du musst pünktlich sein.	تو باید وقت شناس باشی.
	to bâyad vaght shenâs bâshi.
Er muss tanken.	او باید بنزین بزند (در باک بنزین بریزد).
	oo bâyad benzin bezanad (dar bâk benzin berizad).
Er muss das Auto reparieren.	او باید ماشین را تعمیر کند.
	oo bâyad mâshin râ ta-amir konad.
Er muss das Auto waschen.	او باید ماشین را بشوید.
	oo bâyad mâshin râ beshu-yad.

etwas müssen

چیزی که باید انجام گیرد

chizi ke bâyad anjâm girad

Sie muss einkaufen.

او (مؤنث) باید خرید کند.

oo (mo-anas) bâyad kharid konad.

Sie muss die Wohnung putzen.

او (مؤنث) باید خانه را تمیز کند.

oo (mo-anas) bâyad khâne râ tamiz konad.

Sie muss die Wäsche waschen.

او باید لباسها را بشوید.

oo bâyad lebâs-hâ râ beshu-yad.

Wir müssen gleich zur Schule gehen.

ما باید چند لحظه ی دیگر به مدرسه برویم.

mâ bâyad chand lahze-ye digar be madrese beravim.

Wir müssen gleich zur Arbeit gehen.

ما باید چند لحظه ی دیگر سر کار برویم.

mâ bâyad chand lahze-ye digar sare kâr beravim.

Wir müssen gleich zum Arzt gehen.

ما باید چند لحظه ی دیگر پیش دکتر برویم.

mâ bâyad chand lahze-ye digar pishe doktor beravim.

Ihr müsst auf den Bus warten.

شما باید منتظر اتوبوس باشید.

shomâ bâyad montazere otobus bâshid.

Ihr müsst auf den Zug warten.

شما باید منتظر قطار باشید.

shomâ bâyad montazere ghatâr bâshid.

Ihr müsst auf das Taxi warten.

شما باید منتظر تاکسی باشید.

shomâ bâyad montazere tâxi bâshid.

etwas dürfen

اجازه داشتن برای
انجام کاری
ejâze dâshtan barâye
anjâme kâri

Darfst du schon Auto fahren?	تو اجازه داری رانندگی کنی؟
	to ejâze dâri rânandegi koni?
Darfst du schon Alkohol trinken?	تو اجازه داری الکل بنوشی؟
	to ejâze dâri alkol benushi?
Darfst du schon allein ins Ausland fahren?	تو اجازه داری تنها به خارج سفر کنی؟
	to ejâze dâri tanhâ be khârej safar koni?

dürfen	اجازه داشتن
	ejâze dâshtan
Dürfen wir hier rauchen?	اجازه هست اینجا سیگار بکشیم؟
	ejâze hast injâ sigâr bekeshim?
Darf man hier rauchen?	اینجا سیگار کشیدن مجاز است؟
	injâ sigâr keshidan mojâz ast?

Darf man mit Kreditkarte bezahlen?	می توان با کارت اعتباری پرداخت نمود؟
	mitavân bâ kârte e-etebâri pardâkht nemud?
Darf man mit Scheck bezahlen?	می توان با چک پرداخت کرد؟
	mitavân bâ chek pardâkht kard?
Darf man nur bar bezahlen?	فقط نقد پرداختن مجاز است؟
	faghat naghd pardâkhtan mojâz ast?

etwas dürfen

اجازه داشتن برای
انجام کاری
ejâze dâshtan barâye
anjâme kâri

Darf ich mal eben telefonieren?

می توانم لحظه ای تلفن بزنم؟
mitavânam lahze-i telefon bezanam?

Darf ich mal eben etwas fragen?

می توانم لحظه ای یک سوال کنم؟
mitavânam lahze-i yek soâl konam?

Darf ich mal eben etwas sagen?

می توانم لحظه ای چیزی بگویم؟
mitavânam lahze-i chizi beguyam?

Er darf nicht im Park schlafen.

او (مرد) اجازه ندارد در پارک بخوابد.
oo ejâze nadârad dar pârk bekhâbad.

Er darf nicht im Auto schlafen.

او (مرد) اجازه ندارد در خودرو بخوابد.
oo ejâze nadârad dar khodro bekhâbad.

Er darf nicht im Bahnhof schlafen.

او (مرد) اجازه ندارد درایستگاه قطار بخوابد.
oo ejâze nadârad dar istgâhe ghatâr bekhâbad.

Dürfen wir Platz nehmen?

اجازه داریم بنشینیم؟
ejâze dârim beneshinim?

Dürfen wir die Speisekarte haben?

اجازه داریم لیست غذا را داشته باشیم؟
ejâze dârim liste ghaza râ dâshte bâshim?

Dürfen wir getrennt zahlen?

اجازه داریم جدا پرداخت نمائیم؟
ejâze dârim jodâ pardâkht namâyim?

um etwas bitten

خواهش کردن
درمورد چیزی
khâhesh kardan dar
morede chizi

Können Sie mir die Haare schneiden?	امکان دارد موهای مرا کوتاه کنید؟
	emkân dârad muhâye marâ kutâh konid?
Nicht zu kurz, bitte.	لطفاً خیلی کوتاه نشود.
	lotfan khyli kutâh nashavad.
Etwas kürzer, bitte.	لطفاً کمی کوتاهتر.
	lotfan kami kutâh-tar.
Können Sie die Bilder entwickeln?	ممکن است این عکسها را ظاهر کنید؟
	momken ast in aks-hâ râ zâher konid?
Die Fotos sind auf der CD.	عکسها روی سی دی هستند.
	aks-hâ rooye CD hastand.
Die Fotos sind in der Kamera.	عکس ها روی دوربین هستند.
	aks-hâ rooye durbin hastand.
Können Sie die Uhr reparieren?	می توانید این ساعت را تعمیر کنید؟
	mitavânid in sâ-at râ ta-amir konid?
Das Glas ist kaputt.	شیشه شکسته است.
	shishe shekaste ast.
Die Batterie ist leer.	باتری خالی است.
	bâtry khâli ast.

um etwas bitten

خواهش کردن
درمورد چیزی
khâhesh kardan dar
morede chizi

Können Sie das Hemd bügeln?	ممکن است این پیراهن را اتو کنید؟ momken ast in pirâhan râ otu konid?
Können Sie die Hose reinigen?	ممکن است این شلوار را تمیز کنید؟ momken ast in shalvâr râ tamiz konid?
Können Sie die Schuhe reparieren?	ممکن است این کفش را تعمیر کنید؟ momken ast in kash râ ta-amir konid?
Können Sie mir Feuer geben?	ممکن است به من یک فندک (آتش) بدهید؟ momken ast be man yek fandak (âtash) bedahid?
Haben Sie Streichhölzer oder ein Feuerzeug?	شما کبریت یا فندک دارید ؟ shomâ kebrit yâ fandak dârid?
Haben Sie einen Aschenbecher?	شما زیرسیگاری دارید؟ shomâ zir sigâri dârid?
Rauchen Sie Zigarren?	شما سیگار برگ می کشید؟ shomâ sigâre barg mikeshid?
Rauchen Sie Zigaretten?	شما سیگار می کشید؟ shoma sigâr mikeshid?
Rauchen Sie Pfeife?	شما پیپ می کشید؟ shomâ pip mikeshid?

etwas begründen
1

دلیل آوردن برای
چیزی ۱
dalil âvardan barâye chizi
1

Warum kommen Sie nicht?

Das Wetter ist so schlecht.

Ich komme nicht, weil das Wetter so
schlecht ist.

چرا شما نمی آیید؟
cherâ shomâ nemi-âyid?
هوا بسیار بد است.
havâ besyâr bad ast.
من نمی آیم زیرا هوا بسیار بد است.
man nemi-âyam zirâ havâ besyâr bad ast.

Warum kommt er nicht?

Er ist nicht eingeladen.

Er kommt nicht, weil er nicht eingeladen
ist.

چرا او (مرد) نمی آید؟
cherâ oo (mard) nemi-âyad?
او (مرد) دعوت نشده است.
oo (mard) da-avat nashode ast.
او نمی آید زیرا دعوت نشده است.
oo nemi-âyad zirâ da-avat nashode ast.

Warum kommst du nicht?

Ich habe keine Zeit.

Ich komme nicht, weil ich keine Zeit habe.

چرا تو نمی آیی؟
cherâ to nemi-âyi?
من وقت ندارم.
man vaght nadâram.
من نمی آیم زیرا وقت ندارم.
man nemi-âyam zirâ vaght nadâram.

etwas begründen
1

دلیل آوردن برای
چیزی ۱
dalil âvardan barâye chizi
1

Warum bleibst du nicht?	چرا تو نمی مانی؟ cherâ to nemimâni?
Ich muss noch arbeiten.	من هنوز کار دارم. man hanuz kâr dâram.
Ich bleibe nicht, weil ich noch arbeiten muss.	من نمی مانم، چون هنوز کار دارم. man nemi-mânam, chun hanuz kâr dâram.
Warum gehen Sie schon?	چرا حالا می روید؟ cherâ hâlâ miravid?
Ich bin müde.	من خسته هستم. man khaste hastam.
Ich gehe, weil ich müde bin.	من می روم زیرا خسته هستم. man miravam zirâ khaste hastam.
Warum fahren Sie schon?	چرا حالا (با ماشین) می روید؟ cherâ hâlâ (bâ mâshin) miravid?
Es ist schon spät.	دیر است. dir ast.
Ich fahre, weil es schon spät ist.	من می روم زیرا دیر است. man miravam zirâ dir ast.

etwas begründen
2

دلیل آوردن برای
چیزی ۲
dalil âvardan barâye chizi
2

Warum bist du nicht gekommen?	چرا تو نیامدی؟ cherâ to nayâmadi?
Ich war krank.	من مریض بودم. man mariz budam.
Ich bin nicht gekommen, weil ich krank war.	من نیامدم زیرا مریض بودم. man nayâmadam zirâ mariz budam.
Warum ist sie nicht gekommen?	چرا او (زن) نیامده؟ cherâ oo (zan) nayâmade?
Sie war müde.	او (زن) خسته بود. oo (zan) khaste bud.
Sie ist nicht gekommen, weil sie müde war.	او (زن) نیامد، چون خسته بود. oo (zan) nayâmad, chun khaste bud.
Warum ist er nicht gekommen?	چرا او (مرد) نیامده؟ cherâ oo (mard) nayâmade?
Er hatte keine Lust.	او (مرد) حوصله نداشت. oo (mard) hosele nadâsht.
Er ist nicht gekommen, weil er keine Lust hatte.	او (مرد) نیامد زیرا حوصله نداشت. oo (mard) nayâmad zirâ hosele nadâsht.

etwas begründen
2

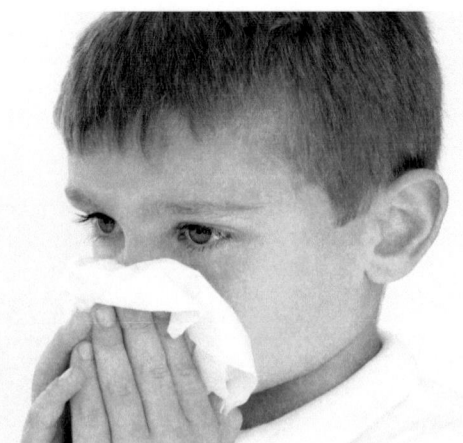

دلیل آوردن برای
چیزی ۲
dalil âvardan barâye chizi
2

Warum seid ihr nicht gekommen?	چرا شما نیامدید؟ cherâ shomâ nayâmadid?
Unser Auto ist kaputt.	خودروی ما خراب است. khodroye mâ kharâb ast.
Wir sind nicht gekommen, weil unser Auto kaputt ist.	ما نیامدیم چون خودرویمان خراب است. mâ nayâmadim chun khodroyemân kharâb ast.
Warum sind die Leute nicht gekommen?	چرا مردم نیامدند؟ cherâ mardom nayâmadand?
Sie haben den Zug verpasst.	آنها به قطار نرسیدند. ânhâ be ghatâr naresidand.
Sie sind nicht gekommen, weil sie den Zug verpasst haben.	آنها نیامدند، زیرا به قطار نرسیدند. ânhâ nayâmadand, zirâ be ghatâr naresidand.
Warum bist du nicht gekommen?	چرا تو نیامدی؟ cherâ to nayâmadi?
Ich durfte nicht.	اجازه نداشتم. ejâze nadâshtam.
Ich bin nicht gekommen, weil ich nicht durfte.	من نیامدم زیرا اجازه نداشتم. man nayâmadam zirâ ejâze nadâshtam.

etwas begründen
3

دلیل آوردن برای
چیزی ۳
dalil âvardan barâye chizi
3

Warum essen Sie die Torte nicht?	چرا کیک را نمی خورید؟ cherâ keyk râ nemi-khorid?
Ich muss abnehmen.	من باید وزن کم کنم. man bâyad vazn kam konam.
Ich esse sie nicht, weil ich abnehmen muss.	من نمی خورم زیرا باید وزن کم کنم. man nemi-khoram zirâ bâyad vazn kam konam.
Warum trinken Sie das Bier nicht?	چرا آبجو را نمی نوشید؟ cherâ âbe-jo râ nemi-nushid?
Ich muss noch fahren.	چون باید رانندگی کنم. chun bâyad rânandegi konam.
Ich trinke es nicht, weil ich noch fahren muss.	من آن را نمی نوشم زیرا باید رانندگی کنم. man ânrâ nemi-nusham zirâ bâyad rânandegi konam.
Warum trinkst du den Kaffee nicht?	چرا تو قهوه را نمی نوشی؟ cherâ to ghahve râ nemi-nushi?
Er ist kalt.	سرد شده است. sard shode ast.
Ich trinke ihn nicht, weil er kalt ist.	من قهوه را نمی نوشم زیرا سرد شده است. man ghahve râ nemi-nusham zirâ sard shode ast.

Warum trinkst du den Tee nicht?	چرا تو چای را نمی نوشی؟
	cherâ to chây râ nemi-nushi?
Ich habe keinen Zucker.	من شکر ندارم.
	man shekar nadâram.
Ich trinke ihn nicht, weil ich keinen Zucker habe.	من چای را نمی نوشم زیرا شکر ندارم.
	man chây râ nemi-nusham zirâ shekar nadâram.
Warum essen Sie die Suppe nicht?	چرا شما سوپ را نمی خورید؟
	cherâ shomâ soop râ nemi-khorid?
Ich habe sie nicht bestellt.	من سوپ سفارش نداده ام.
	man soop sefâresh nadâde-am.
Ich esse sie nicht, weil ich sie nicht bestellt habe.	من سوپ نمی خورم زیرا من آن را سفارش نداده ام.
	man soop nemi-khoram zirâ man ânrâ sefâresh nadâde-am.
Warum essen Sie das Fleisch nicht?	چرا شما گوشت را نمی خورید؟
	cherâ shomâ goosht râ nemi-khorid?
Ich bin Vegetarier.	من گیاه خوار هستم.
	man giâh khâr hastam.
Ich esse es nicht, weil ich Vegetarier bin.	من گوشت نمی خورم زیرا گیاه خوار هستم.
	man goosht nemi-khoram zirâ giâh khâr hastam.

78 [achtundsiebzig]

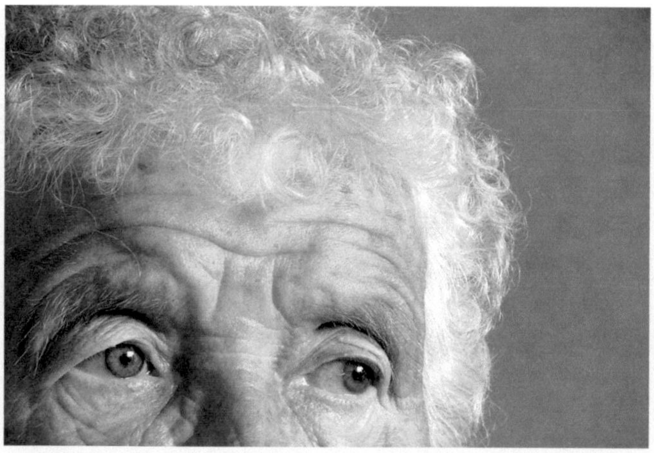

78 [هفتاد و هشت]
78 [haftâd-o-hasht]

Adjektive 1

صفت ها ۱
sefat hâ 1

eine alte Frau	یک خانم پیر yek khânome pir
eine dicke Frau	یک خانم چاق yek khânome châgh
eine neugierige Frau	یک خانم کنجکاو (فضول) yek khânome konjkâv (fozul)
ein neuer Wagen	یک خودروی نو yek khodroye no
ein schneller Wagen	یک خودروی سریع yek khodroye sari-e
ein bequemer Wagen	یک خودروی راحت yek khodroye râhat
ein blaues Kleid	یک لباس آبی yek lebâse âbi
ein rotes Kleid	یک لباس قرمز yek lebâse ghermez
ein grünes Kleid	یک لباس سبز yek lebâse sabz

Adjektive 1

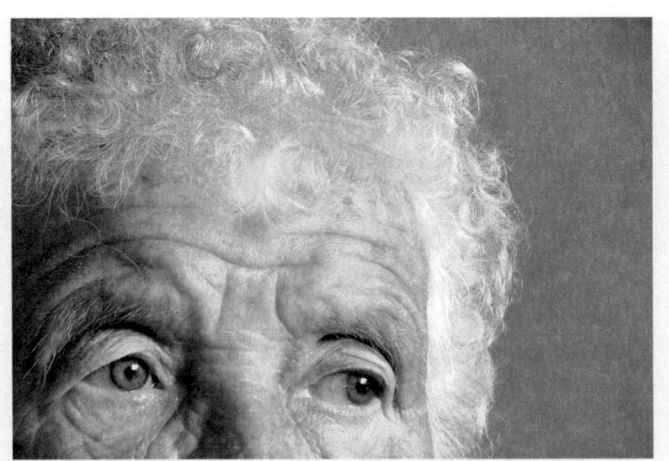

صفت ها ۱
sefat hâ 1

eine schwarze Tasche	یک کیف سیاه yek kife siâh
eine braune Tasche	یک کیف قهوه ای yek kife ghahve-i
eine weiße Tasche	یک کیف سفید yek kife sefid
nette Leute	مردم مهربان mardome mehrabân
höfliche Leute	مردم با ادب mardome bâ adab
interessante Leute	مردم جالب mardome jâleb
liebe Kinder	بچه های نازنین (مهربان) bache hâye nâzanin (mehrabân)
freche Kinder	بچه های بی ادب bache hâye bi adab
brave Kinder	بچه های خوب و مؤدب bache hâye khub-o-moadab

Ich habe ein blaues Kleid an.

من یک لباس آبی به تن دارم.
man yek lebâse âbi be tan dâram.

Ich habe ein rotes Kleid an.

من یک لباس قرمز به تن دارم.
man yek lebâse ghermez be tan dâram.

Ich habe ein grünes Kleid an.

من یک لباس سبز به تن دارم.
man yek lebâse sabz be tan dâram.

Ich kaufe eine schwarze Tasche.

من یک کیف سیاه می خرم.
man yek kife siâh mi-kharam.

Ich kaufe eine braune Tasche.

من یک کیف قهوه ای می خرم.
man yek kife ghahve-i mi-kharam.

Ich kaufe eine weiße Tasche.

من یک کیف سفید می خرم.
man yek kife sefid mi-kharam.

Ich brauche einen neuen Wagen.

من یک خودروی جدید لازم دارم.
man yek khodroye jadid lâzem dâram.

Ich brauche einen schnellen Wagen.

من یک خودروی سریع لازم دارم.
man yek khodroye sari lâzem dâram.

Ich brauche einen bequemen Wagen.

من یک خودروی راحت لازم دارم.
man yek khodroye râhat lâzem dâram.

79 [neunundsiebzig]

Adjektive 2

79 [هفتاد و نه]
79 [haftâd-o-noh]

صفت ها ۲
sefat hâ 2

Da oben wohnt eine alte Frau.	آن بالا یک خانم پیر زندگی می کند.
	ân bâlâ yek khânome pir zendegi mikonad.
Da oben wohnt eine dicke Frau.	آن بالا یک خانم چاق زندگی می کند.
	ân bâlâ yek khânome châgh zendegi mikonad.
Da unten wohnt eine neugierige Frau.	آن پائین یک خانم کنجکاو زندگی می کند.
	ân pâ-in yek khânome konjkâv zendegi mikonad.
Unsere Gäste waren nette Leute.	میهمانانمان آدم های مهربانی بودند.
	mihmânân-emân âdam hâye merabâni budand.
Unsere Gäste waren höfliche Leute.	میهمانانمان آدم های مودبی بودند.
	mihmânân-emân âdam hâye moadabi budand.
Unsere Gäste waren interessante Leute.	میهمانانمان آدم های جالبی بودند.
	mihmânân-emân âdam hâye jâlebi budand.
Ich habe liebe Kinder.	من بچه های نازنینی دارم.
	man bache hâye nâzanini dâram.
Aber die Nachbarn haben freche Kinder.	اما همسایه ها بچه های بی ادبی دارند.
	ammâ hamsâye hâ bache hâye bi adabi dârand.
Sind Ihre Kinder brav?	بچه های شما با ادب هستند؟
	bache hâye shomâ bâ adab hastand?

Sie hat einen Hund.	او (زن) یک سگ دارد.
	oo (zan) yek sag dârad.
Der Hund ist groß.	سگ بزرگ است.
	sag bozorg ast.
Sie hat einen großen Hund.	او (زن) یک سگ بزرگ دارد.
	oo (zan) yek sage bozorg dârad.
Sie hat ein Haus.	او یک خانه دارد.
	oo yek khâne dârad.
Das Haus ist klein.	خانه کوچک است.
	khâne kuchak ast.
Sie hat ein kleines Haus.	او (زن) یک خانه ی کوچک دارد.
	oo (zan) yek khâne-ye kuchak dârad.
Er wohnt in einem Hotel.	او (مرد) در یک هتل زندگی می کند.
	oo (mard) dar yek hotel zendegi mikonad.
Das Hotel ist billig.	هتل ارزان است.
	hotel arzân ast.
Er wohnt in einem billigen Hotel.	او در یک هتل ارزان زندگی می کند.
	oo dar yek hotele arzân zendegi mikonad.

Er hat ein Auto.	او یک خودرو دارد. oo yek khodro dârad.
Das Auto ist teuer.	خودرو گران است. khodro gerân ast.
Er hat ein teures Auto.	او یک خودروی گران دارد. oo yek khodro-ye gerân dârad.
Er liest einen Roman.	او (مرد) یک رمان می خواند. oo (mard) yek român mikhânad.
Der Roman ist langweilig.	رمان خسته کننده است. român khaste konande ast.
Er liest einen langweiligen Roman.	او (مرد) یک رمان خسته کننده می خواند. oo (mard) yek români khaste konande mikhânad.
Sie sieht einen Film.	او (زن) یک فیلم تماشا می کند. oo (zan) yek film tamâshâ mikonad.
Der Film ist spannend.	فیلم مهیج است. film mohayej ast.
Sie sieht einen spannenden Film.	او (زن) یک فیلم مهیج تماشا می کند. oo (zan) yek filme mohayej tamâshâ mikonad.

Vergangenheit 1

زمان گذشته ۱
zamâne gozashte 1

schreiben	نوشتن
	neveshtan
Er schrieb einen Brief.	او (مرد) یک نامه نوشت.
	oo yek nâme nevesht.
Und sie schrieb eine Karte.	و او (زن) یک کارت پستال نوشت.
	va oo yek kârte postâl nevesht.
lesen	خواندن
	khândan
Er las eine Illustrierte.	او (مرد) یک مجله خواند.
	oo yek majale khând.
Und sie las ein Buch.	و او (زن) یک کتاب خواند.
	va oo yek ketâb khând.
nehmen	گرفتن
	gereftan
Er nahm eine Zigarette.	او (مرد) یک سیگار برداشت.
	oo yek sigâr bardâsht.
Sie nahm ein Stück Schokolade.	او (زن) یک تکه شکلات برداشت.
	oo yek tekeh shokolât bardâsht.

Vergangenheit 1

زمان گذشته ۱
zamâne gozashte 1

Er war untreu, aber sie war treu.	او (مرد) بی وفا بود، اما او (زن) با وفا بود.
	oo bivafâ bud, ammâ oo bâvafâ bud.
Er war faul, aber sie war fleißig.	او (مرد) تنبل بود، اما او (زن) کاری بود.
	oo tanbal bud, ammâ oo kâri bud.
Er war arm, aber sie war reich.	او (مرد) فقیر بود، اما او (زن) ثروتمند بود.
	oo faghir bud, ammâ oo servatmand bud.

Er hatte kein Geld, sondern Schulden.	او (مرد) پول نداشت، بلکه بدهکار بود.
	oo pool nadâsht, balke bedehkâr bud.
Er hatte kein Glück, sondern Pech.	او (مرد) شانس نداشت، بلکه بد شانس بود.
	oo shâns nadâsht, balke bad shâns bud.
Er hatte keinen Erfolg, sondern Misserfolg.	او (مرد) موفقیتی نداشت، بلکه ناموفق بود.
	oo movaf-faghiati nadâsht, balke nâmovafagh bud.

Er war nicht zufrieden, sondern unzufrieden.	او (مرد) راضی نبود، بلکه ناراضی بود.
	oo râzi nabud, balke nârâzi bud.
Er war nicht glücklich, sondern unglücklich.	او (مرد) خوشبخت نبود، بلکه بدبخت بود.
	oo khoshbakht nabud, balke badbakht bud.
Er war nicht sympathisch, sondern unsympathisch.	او (مرد) خوش برخورد نبود، بلکه بدبرخورد بود.
	oo khosh barkhord nabud, balke badbarkhord bud.

Vergangenheit 2

زمان گذشته ۲
zamâne gozashte 2

Musstest du einen Krankenwagen rufen?	تو مجبور بودی یک آمبولانس صدا کنی؟
	to majbur budi yek âmbulâns sedâ koni?
Musstest du den Arzt rufen?	تو مجبور بودی پزشک را خبر کنی؟
	to majbur budi pezeshk râ khabar koni?
Musstest du die Polizei rufen?	تو مجبور بودی پلیس را خبر کنی؟
	to majbur budi polis râ khabar koni?

Haben Sie die Telefonnummer? Gerade hatte ich sie noch.

شما شماره تلفن را دارید؟ تا الان من شماره را داشتم.
shomâ shomâre telefon râ dârid? tâ alân man shomâre râ dâshtam.

Haben Sie die Adresse? Gerade hatte ich sie noch.

شما آدرس را دارید؟ تا الان من آن را داشتم.
shomâ âdres râ dârid? tâ alân man ân râ dâshtam.

Haben Sie den Stadtplan? Gerade hatte ich ihn noch.

شما نقشه شهر را دارید؟ تا الان من آن را داشتم.
shomâ naghshe shahr râ dârid? tâ alân man ân râ dâshtam.

Kam er pünktlich? Er konnte nicht pünktlich kommen.

او (مرد) سر وقت آمد؟ او (مرد) نتوانست سر وقت بیاید.
oo sare vaght âmad? oo natavânest sare vaght biâyad.

Fand er den Weg? Er konnte den Weg nicht finden.

او (مرد) راه را پیدا کرد؟ او (مرد) نتوانست راه را پیدا کند.
oo râh râ peydâ kard? oo natavânest râh râ peydâ konad.

Verstand er dich? Er konnte mich nicht verstehen.

او (مرد) متوجه صحبت تو شد؟ او (مرد) نتوانست صحبت مرا بفهمد.
oo motavajehe sohbate to shod? oo natavânest sohbate marâ befahmad.

Vergangenheit 2

زمان گذشته ۲
zamâne gozashte 2

Warum konntest du nicht pünktlich kommen?	چرا تو نتوانستی به موقع بیایی؟ cherâ to natavânesti be moghe biâ-yee?
Warum konntest du den Weg nicht finden?	چرا تو نتوانستی راه را پیدا کنی؟ cherâ to natavânesti râh râ peydâ koni?
Warum konntest du ihn nicht verstehen?	چرا تو نتوانستی صحبت هایش را بفهمی؟ cherâ to natavânesti sohbat-hâyash râ befahmi?
Ich konnte nicht pünktlich kommen, weil kein Bus fuhr.	من نتوانستم بموقع بیایم زیرا هیچ اتوبوسی حرکت نمی کرد. man natavânestam be moghe biâyam zirâ hich otobusi harekat nemikard.
Ich konnte den Weg nicht finden, weil ich keinen Stadtplan hatte.	من نتوانستم راه را پیدا کنم زیرا نقشه شهر را نداشتم. man natavânestam râh râ peydâ konam zirâ nagh-she-ye shahr râ nadâshtam.
Ich konnte ihn nicht verstehen, weil die Musik so laut war.	من حرفش را نفهمیدم زیرا صدای آهنگ بلند بود. man harfash râ nafahmidam zirâ sedâye âhang boland bud.
Ich musste ein Taxi nehmen.	من مجبور بودم یک تاکسی سوار شوم. man majbur boodam yek tâxi savâr shavam.
Ich musste einen Stadtplan kaufen.	من مجبور بودم یک نقشه شهر بخرم. man majbur boodam yek nagh-she-ye shahr bekharam.
Ich musste das Radio ausschalten.	من مجبور بودم رادیو را خاموش کنم. man majbur boodam râdio râ khâmush konam.

Vergangenheit 3

زمان گذشته ۳
zamâne gozashte 3

telefonieren

Ich habe telefoniert.

Ich habe die ganze Zeit telefoniert.

تلفن زدن
telefon zadan

من تلفن زده ام.
man telefon zade-am.

من تمام مدت با تلفن صحبت می کرده ام.
man tamâme modat bâ telefon sohbat mikarde-am.

fragen

Ich habe gefragt.

Ich habe immer gefragt.

سؤال کردن
soâl kardan

من سؤال کرده ام.
man soâl karde-am.

من همیشه سوال می کرده ام.
man hamishe soâl mikarde-am.

erzählen

Ich habe erzählt.

Ich habe die ganze Geschichte erzählt.

تعریف کردن
ta-e-rif kardan.

من تعریف کرده ام.
man ta-e-rif karde-am.

من تمام داستان را تعریف کرده ام.
man tamâme dâstân râ ta-e-rif karde-am.

83 [dreiundachtzig]

Vergangenheit 3

83 [هشتاد و سه]
83 [hashtâd-o-se]

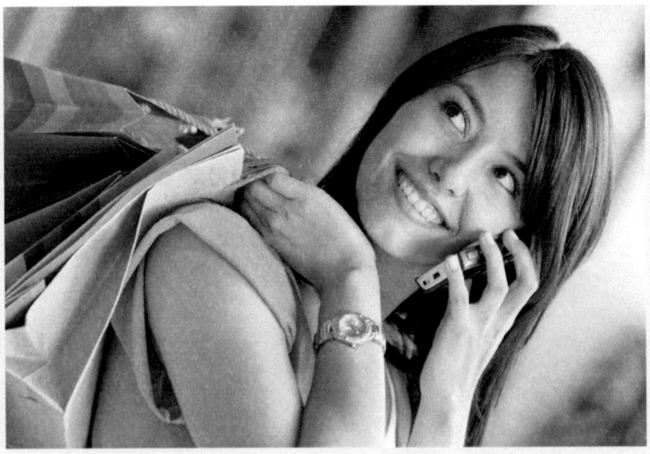

زمان گذشته ۳
zamâne gozashte 3

lernen
یاد گرفتن
yâd gereftan

Ich habe gelernt.
من یاد گرفته ام.
man yâd gerefte-am.

Ich habe den ganzen Abend gelernt.
من تمام شب مشغول یادگیری بوده ام.
man tamâme shab mash-ghule yâdgiri bude-am.

arbeiten
کار کردن
kâr kardan

Ich habe gearbeitet.
من کار کرده ام.
man kâr karde-am.

Ich habe den ganzen Tag gearbeitet.
من تمام روز را کار کرده ام.
man tamâme rooz râ kâr karde-am.

essen
غذا خوردن
ghazâ khordan

Ich habe gegessen.
من غذا خورده ام.
man ghazâ khorde-am.

Ich habe das ganze Essen gegessen.
من تمام غذا را خورده ام.
man tamâme ghazâ râ khorde-am.

Vergangenheit 4

زمان گذشته ٤
zamâne gozashte 4

lesen

خواندن
khândan

Ich habe gelesen.

من خوانده ام.
man khânde-am.

Ich habe den ganzen Roman gelesen.

من تمام رمان را خوانده ام.
man tamâme român râ khânde-am.

verstehen

فهمیدن
fahmidan

Ich habe verstanden.

من فهمیده ام.
man fahmide-am.

Ich habe den ganzen Text verstanden.

من تمام متن را فهمیده ام.
man tamâme matn râ fahmide-am.

antworten

پاسخ دادن
pâsokh dâdan

Ich habe geantwortet.

من پاسخ داده ام.
man pâsokh dâde-am.

Ich habe auf alle Fragen geantwortet.

من به تمامی سوالات پاسخ داده ام.
man be tamâmi-ye soâlât pâsokh dâde-am.

Vergangenheit 4

زمان گذشته ٤
zamâne gozashte 4

Ich weiß das – ich habe das gewusst.

من آن را می دانم — من آن را می دانستم.
man ân râ midânam - man ân râ midânestam.

Ich schreibe das – ich habe das geschrieben.

من آن را می نویسم — من آن را نوشته ام.
man ân râ minevisam - man ân râ neveshte-am.

Ich höre das – ich habe das gehört.

من آن را می شنوم — من آن را شنیده ام.
man ân râ mishenavam - man ân râ shenide-am.

Ich hole das – ich habe das geholt.

من آن را می گیرم — من آن را گرفته ام.
man ân râ migiram - man ân râ gerefte-am.

Ich bringe das – ich habe das gebracht.

من آن را می آورم — من آن را آورده ام.
man ân râ mi-âvaram - man ân râ âvarde-am.

Ich kaufe das – ich habe das gekauft.

من آن را می خرم — من آن را خریده ام.
man ân râ mi-kharam - man ân râ kharide-am.

Ich erwarte das – ich habe das erwartet.

من منتظر آن هستم — من منتظر آن بوده ام.
man montazere ân hastam - man montazere ân bude-am.

Ich erkläre das – ich habe das erklärt.

من آن را توضیح می دهم — من آن را توضیح داده ام.
man ân râ tozih midaham - man ân râ tozih dâde-am.

Ich kenne das – ich habe das gekannt.

من آن را می شناسم — من آن را می شناختم.
man ân râ mishenâsam - man ân râ shenâkhte-am.

Fragen –
Vergangenheit 1

سؤال کردن- زمان
گذشته ۱
soâl kardan - zamâne
gozashte 1

Wie viel haben Sie getrunken?	شما چقدر نوشیده اید؟ shomâ cheghadr nushide-id?
Wie viel haben Sie gearbeitet?	شما چقدر کار کرده اید؟ shomâ cheghadr kâr karde-id?
Wie viel haben Sie geschrieben?	شما چقدر نوشته اید؟ shomâ cheghadr neveshte-id?
Wie haben Sie geschlafen?	شما چطور خوابیدید؟ shomâ chetor khâbidid?
Wie haben Sie die Prüfung bestanden?	شما چگونه در امتحان قبول شده اید؟ shomâ chegune dar emtehân ghabul shode-id?
Wie haben Sie den Weg gefunden?	شما چگونه راه را پیدا کرده اید؟ shomâ chegune râh râ peydâ karde-id?
Mit wem haben Sie gesprochen?	شما با چه کسی صحبت کرده اید؟ shomâ bâ che kasi sohbat karde-id?
Mit wem haben Sie sich verabredet?	شما با چه کسی قرار ملاقات گذاشته اید؟ shomâ bâ che kasi gharâre molâghât gozâshte-id?
Mit wem haben Sie Geburtstag gefeiert?	شما با کی جشن تولد گرفته اید؟ shomâ bâ kee jashne tavalod gerefte-id?

Fragen – Vergangenheit 1

سؤال کردن- زمان گذشته ۱
soâl kardan - zamâne gozashte 1

Wo sind Sie gewesen?	شما کجا بوده اید؟
	shomâ kojâ bude-id?
Wo haben Sie gewohnt?	شما کجا زندگی می کردید؟
	shomâ kojâ zendegi mikardid?
Wo haben Sie gearbeitet?	شما کجا کار می کردید؟
	shomâ kojâ kâr mikardid?

Was haben Sie empfohlen?	شما چه توصیه ای کرده اید؟
	shomâ che tosie-e karde-id?
Was haben Sie gegessen?	شما چی خورده اید؟
	shomâ chi khorde-id?
Was haben Sie erfahren?	شما چه اطلاعاتی کسب کرده اید؟
	shomâ che etelâ-âti kasb karde-id?

Wie schnell sind Sie gefahren?	شما با چه سرعتی رانندگی می کردید؟
	shomâ bâ che sor-ati rânandegi mikardid?
Wie lange sind Sie geflogen?	شما چه مدت پرواز کرده اید؟
	shomâ che mod-dat parvâz karde-id?
Wie hoch sind Sie gesprungen?	شما تا چه ارتفاعی پریده اید؟
	shomâ tâ che ertefâ-e paride-id?

Fragen –
Vergangenheit 2

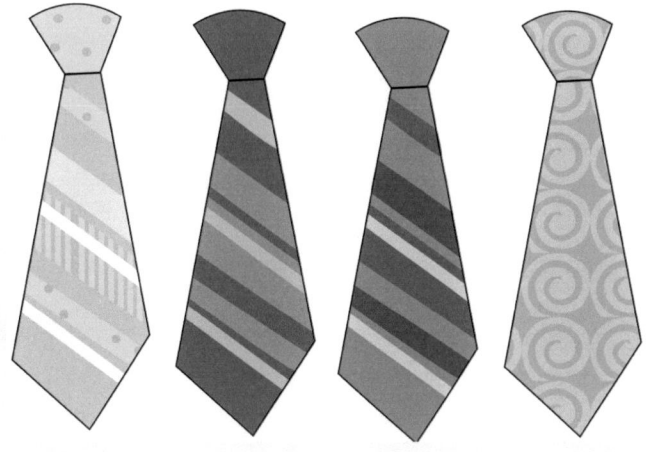

سوال کردن- زمان
گذشته ۲

soâl kardan - zamâne
gozashte 2

Welche Krawatte hast du getragen?	تو کدام کراوات را زده بودی؟
	to kodâm kerâvât râ zade budi?
Welches Auto hast du gekauft?	تو کدام خودرو را خریده بودی؟
	to kodâm khodro râ kharide budi?
Welche Zeitung hast du abonniert?	تو اشتراک کدام روزنامه را گرفته بودی؟
	to eshterâke kodâm rooznâme râ gerefte budi?
Wen haben Sie gesehen?	شما چه کسی را دیده اید؟
	shomâ che kasi râ dide-id?
Wen haben Sie getroffen?	شما با چه کسی ملاقات کرده اید؟
	shomâ bâ che kasi molâghât karde-id?
Wen haben Sie erkannt?	شما چه کسی را شناخته اید؟
	shomâ che kasi râ shenâkhte-id?
Wann sind Sie aufgestanden?	شما چه موقع از خواب بلند شده اید؟
	shomâ che moghe az khâb boland shode-id?
Wann haben Sie begonnen?	شما چه موقع شروع کرده اید؟
	shomâ che moghe shoru-e karde-id?
Wann haben Sie aufgehört?	شما چه موقع کار را متوقف کرده اید؟
	shomâ che moghe kâr râ motevaghef karde-id?

Fragen – Vergangenheit 2

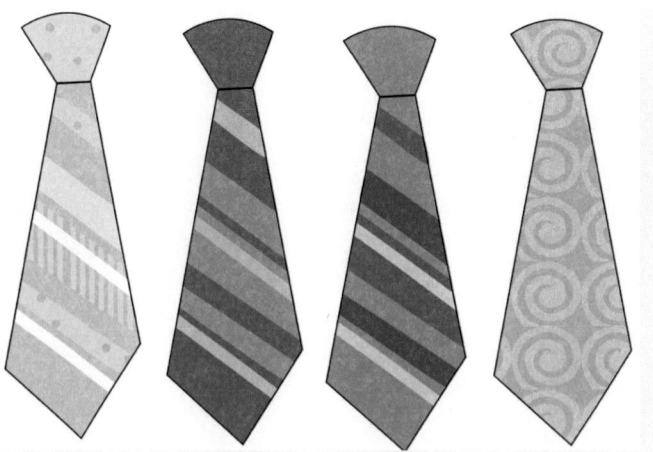

سوال کردن- زمان گذشته ۲

soâl kardan - zamâne gozashte 2

Warum sind Sie aufgewacht?	شما چرا بیدار شده اید؟
	shomâ cherâ bidâr shode-id?
Warum sind Sie Lehrer geworden?	چرا شما معلم شده اید؟
	cherâ shomâ moalem shode-id?
Warum haben Sie ein Taxi genommen?	چرا شما سوار تاکسی شده اید؟
	cherâ shomâ savâre tâxi shode-id?
Woher sind Sie gekommen?	شما از کجا آمده اید؟
	shomâ az kojâ âmade-id?
Wohin sind Sie gegangen?	شما به کجا رفته اید؟
	shomâ be kojâ rafte-id?
Wo sind Sie gewesen?	شما کجا بوده اید؟
	shomâ kojâ bude-id?
Wem hast du geholfen?	تو به چه کسی کمک کرده ای؟
	to be che kasi komak karde-e?
Wem hast du geschrieben?	تو به چه کسی نامه نوشته ای؟
	to be che kasi nâme neveshte-e?
Wem hast du geantwortet?	تو به چه کسی جواب داده ای؟
	to be che kasi javâb dâde-e?

Vergangenheit der Modalverben 1

زمان گذشته ی افعال معین ۱

zamâne gozashte-ye af-âle mo-ain 1

Wir mussten die Blumen gießen.	ما باید به گلها آب می دادیم.
	mâ bâyad be golhâ âb midâdim.
Wir mussten die Wohnung aufräumen.	ما باید آپارتمان را مرتب می کردیم.
	mâ bâyad âpârtemân râ moratab mikardim.
Wir mussten das Geschirr spülen.	ما باید ظروف غذا را می شستیم.
	mâ bâyad zorufe ghazâ râ mishostim.
Musstet ihr die Rechnung bezahlen?	آیا شما مجبور به پرداخت صورت حساب بودید؟
	âyâ shomâ majbur be pardâkhte surat-hesâb budid?
Musstet ihr Eintritt bezahlen?	آیا شما مجبور به پرداخت ورودی بودید؟
	âyâ shomâ majbur be pardâkhte vorudi budid?
Musstet ihr eine Strafe bezahlen?	آیا شما مجبور به پرداخت جریمه بودید؟
	âyâ shomâ majbur be pardâkhte jarime budid?
Wer musste sich verabschieden?	چه کسی باید خداحافظی می کرد؟
	che kasi bâyad khodâ-hâfezi mikard?
Wer musste früh nach Hause gehen?	چه کسی باید زود به خانه می رفت؟
	che kasi bâyad zud be khâne miraft?
Wer musste den Zug nehmen?	چه کسی باید با قطار می رفت؟
	che kasi bâyad bâ ghatâr miraft?

Vergangenheit der Modalverben 1

زمان گذشته ی افعال معین ۱

zamâne gozashte-ye af-âle mo-ain 1

Wir wollten nicht lange bleiben.	ما نمی خواستیم مدت زیادی بمانیم.
	mâ nemi-khâstim mod-date ziâdi bemânim.
Wir wollten nichts trinken.	ما نمی خواستیم چیزی بنوشیم.
	mâ nemi-khâstim chizi benushim.
Wir wollten nicht stören.	ما نمی خواستیم مزاحم بشویم.
	mâ nemi-khâstim mozâhem beshavim.
Ich wollte eben telefonieren.	من می خواستم الان تلفن کنم.
	man mikhâstam alân telefon konam.
Ich wollte ein Taxi bestellen.	من می خواستم تاکسی سفارش بدهم.
	man mikhâstam tâxi sefâresh bedaham.
Ich wollte nämlich nach Haus fahren.	چون می خواستم به خانه بروم.
	chun mikhâstam be khâne beravam.
Ich dachte, du wolltest deine Frau anrufen.	من فکر کردم تو می خواستی به همسرت تلفن کنی.
	man fekr kardam to mikhâsti be hamsarat telefon koni.
Ich dachte, du wolltest die Auskunft anrufen.	من فکر کردم تو می خواستی به اطلاعات تلفن کنی.
	man fekr kardam to mikhâsti be etelâ-ât telefon koni.
Ich dachte, du wolltest eine Pizza bestellen.	من فکر کردم تو می خواستی یک پیتزا سفارش دهی.
	man fekr kardam to mikhâsti yek pitzâ sefâresh dahi.

Vergangenheit
der Modalverben
2

زمان گذشته ی افعال
معین ۲
zamâne gozashte-ye af-âle
mo-ain 2

Mein Sohn wollte nicht mit der Puppe spielen.	پسرم نمی خواست با عروسک بازی کند. pesaram nemikhâst bâ arusak bâzi konad.
Meine Tochter wollte nicht Fußball spielen.	دخترم نمی خواست فوتبال بازی کند. dokhtaram nemikhâst footbâl bâzi konad.
Meine Frau wollte nicht mit mir Schach spielen.	همسرم نمی خواست با من شطرنج بازی کند. hamsaram nemikhâst bâ man shatranj bâzi konad.
Meine Kinder wollten keinen Spaziergang machen.	فرزندانم نمی خواستند به پیاده روی بروند. farzandânam nemikhâstand be piâde-ravi beravand.
Sie wollten nicht das Zimmer aufräumen.	آنها نمی خواستند اتاق را مرتب کنند. ânhâ nemikhâstand otâgh râ moratab konand.
Sie wollten nicht ins Bett gehen.	آنها نمی خواستند به رختخواب بروند. ânhâ nemikhâstand be rakhte-khâb beravand.
Er durfte kein Eis essen.	او (مرد) اجازه نداشت بستنی بخورد. oo ejâze nadâsht bastani bokhorad.
Er durfte keine Schokolade essen.	او (مرد) اجازه نداشت شکلات بخورد. oo ejâze nadâsht shokolât bokhorad.
Er durfte keine Bonbons essen.	او (مرد) اجازه نداشت آب نبات بخورد. oo ejâze nadâsht âb nabât bokhorad.

Vergangenheit
der Modalverben
2

زمان گذشته ی افعال
معین ۲
zamâne gozashte-ye af-âle
mo-ain 2

Ich durfte mir etwas wünschen.	من اجازه داشتم برای خودم آرزویی بکنم.
	man ejâze dâshtam barâye khodam ârezu-yee bokonam.
Ich durfte mir ein Kleid kaufen.	من اجازه داشتم برای خودم لباس بخرم.
	man ejâze dâshtam barâye khodam lebâs bekharam.
Ich durfte mir eine Praline nehmen.	من اجازه داشتم یک شکلات مغزدار بردارم.
	man ejâze dâshtam yek shokolâte maghz-dâr bardâram.

Durftest du im Flugzeug rauchen?	اجازه داشتی در هواپیما سیگار بکشی؟
	ejâze dâshti dar havâ-peymâ sigâr bekeshi?
Durftest du im Krankenhaus Bier trinken?	اجازه داشتی در بیمارستان آبجو بنوشی؟
	ejâze dâshti dar bimârestân âbe-jo benushi?
Durftest du den Hund ins Hotel mitnehmen?	اجازه داشتی سگ را با خودت به هتل ببری؟
	ejâze dâshti sag râ bâ khodat be hotel bebari?

In den Ferien durften die Kinder lange draußen bleiben.	بچه ها در تعطیلات اجازه داشتند مدت زیادی بیرون باشند.
	bache-hâ dar tatilât ejâze dâshtand mod-date ziâdi birun bâshand.
Sie durften lange im Hof spielen.	آنها اجازه داشتند مدت زیادی در حیاط بازی کنند.
	ânhâ ejâze dâshtand mod-date ziâdid dar hayât bâzi konand.
Sie durften lange aufbleiben.	آنها اجازه داشتند مدت زیادی (تا دیروقت) بیدار باشند.
	ânhâ ejâze dâshtand mod-date ziâdid (tâ dir vaght) bidâr bâshand.

Imperativ 1

امری ۱
amri 1

Du bist so faul – sei doch nicht so faul!

تو خیلی تنبلی – اینقدر تنبل نباش!
to khyli tanbali - inghadr tanbal nabâsh!

Du schläfst so lang – schlaf doch nicht so lang!

تو خیلی می خوابی – اینقدر نخواب!
to khyli mikhâbi - inghadr nakhâb!

Du kommst so spät – komm doch nicht so spät!

تو دیر می آیی – اینقدر دیر نیا!
to dir mi-âyee - inghadr dir nayâ!

Du lachst so laut – lach doch nicht so laut!

تو با صدای بلند می خندی – اینقدر بلند نخند!
to bâ sedâye boland mikhandi - inghadr boland nakhand!

Du sprichst so leise – sprich doch nicht so leise!

تو آهسته حرف میزنی – اینقدر آهسته حرف نزن!
to âheste harf mizani - inghadr âheste harf nazan!

Du trinkst zu viel – trink doch nicht so viel!

تو خیلی (مشروب) می نوشی – اینقدر ننوش!
to khyli (mashrub) minushi - inghadr nanush!

Du rauchst zu viel – rauch doch nicht so viel!

تو خیلی سیگار می کشی – اینقدر سیگار نکش!
to khyli sigâr mikeshi - inghadr sigâr nakesh!

Du arbeitest zu viel – arbeite doch nicht so viel!

تو خیلی کار می کنی – اینقدر کار نکن!
to khyli kâr mikoni - inghadr kâr nakon!

Du fährst so schnell – fahr doch nicht so schnell!

تو خیلی سریع رانندگی می کنی – اینقدر سریع نرو!
to khyli sari-e rânandegi mikoni - inghadr sari-e naro!

Imperativ 1

امری ۱
amri 1

Stehen Sie auf, Herr Müller!	آقای مولر، بلند شوید!
	âghâye muler, boland shavid!
Setzen Sie sich, Herr Müller!	آقای مولر، بنشینید!
	âghâye muler, beneshinid!
Bleiben Sie sitzen, Herr Müller!	آقای مولر، درجای خود بنشینید!
	âghâye muler, dar jâye khod beneshinid!
Haben Sie Geduld!	صبر داشته باشید!
	sabr dâshte bâshid!
Nehmen Sie sich Zeit!	آرام باشید (عجله نکنید)!
	ârâm bâshid (ajale nakonid)!
Warten Sie einen Moment!	یک لحظه صبر کنید!
	yek lahze sabr konid!
Seien Sie vorsichtig!	مواظب باشید!
	movâzeb bâshid!
Seien Sie pünktlich!	وقت شناس باشید!
	vaght shenâs bâshid!
Seien Sie nicht dumm!	احمق نباشید!
	ahmagh nabâshid!

Imperativ 2

امری ۲
amri 2

Rasier dich!	صورتت را بتراش (ریشت را بزن)! suratat râ betarâsh (rishat râ bezan)!
Wasch dich!	خودت را بشوی (تمیز کن)! khodat râ beshuye (tamiz kon)!
Kämm dich!	موهایت را شانه بزن! muhayât â shâne bezan!
Ruf an! Rufen Sie an!	تلفن کن! شما تلفن کنید! telefon kon! shomâ telefon konid!
Fang an! Fangen Sie an!	شروع کن! شما شروع کنید! shoru-e kon! shomâ shoru-e konid!
Hör auf! Hören Sie auf!	بس کن! شما بس کنید! bas kon! shomâ bas konid!
Lass das! Lassen Sie das!	رها کن! شما رها کنید! rahâ kon! shomâ rahâ konid!
Sag das! Sagen Sie das!	بگو! شما بگویید! begu! shomâ begueed!
Kauf das! Kaufen Sie das!	بخرش! شما بخریدش! bekharash! shomâ bekharidash!

Sei nie unehrlich!	هرگز دروغگو نباش! hargez dorugh-gu nabâsh!
Sei nie frech!	هرگز گستاخ نباش! hargez gostâkh nabâsh!
Sei nie unhöflich!	هیچ وقت بی ادب نباش! hich vaght bi adab nabâsh!
Sei immer ehrlich!	همیشه راستگو باش! hamishe râst-gu bâsh!
Sei immer nett!	همیشه مهربان باش! hamishe mehrabân bâsh!
Sei immer höflich!	همیشه مؤدب باش! hamishe moad-dab bâsh!
Kommen Sie gut nach Haus!	به سلامت به خانه برسید! be salâmat be khâne beresid!
Passen Sie gut auf sich auf!	خوب مواظب خودتان باشید! khub movâzebe khodetân bâshid!
Besuchen Sie uns bald wieder!	به زودی باز به ملاقات ما بیایید! be zudi bâz be molâghâte mâ biâ-yeed!

Nebensätze mit dass 1

جملات وابسته با که ۱
jomalâte vâbaste bâ ke 1

Das Wetter wird vielleicht morgen besser.	فردا احتمالاً هوا بهتر می شود. fardâ ehtemâlan havâ behtar mishavad.
Woher wissen Sie das?	از کجا این موضوع را می دانید؟ az kojâ in mozu-e râ midânid?
Ich hoffe, dass es besser wird.	امیدوارم که هوا بهتر بشود. omidvâram ke havâ behtar beshavad.
Er kommt ganz bestimmt.	او(مرد) یقیناً می آید. oo yaghinan mi-âyad.
Ist das sicher?	مطمئن هستی؟ motma-en hasti?
Ich weiß, dass er kommt.	من می دانم که او (مرد) می آید. man midânam ke oo miâ-yad.
Er ruft bestimmt an.	او (مرد) مطمئناً تلفن می کند. oo motma-enan telefon mikonad.
Wirklich?	واقعاً؟ vâghe-an?
Ich glaube, dass er anruft.	من فکر می کنم که او (مرد) تلفن می کند. man fekr mikonam ke oo telefon mikonad.

Nebensätze mit dass 1

جملات وابسته با که ۱
jomalâte vâbaste bâ ke 1

Der Wein ist sicher alt.	این شراب یقیناً قدیمی است.
	in sharâb yaghinan ghadimi ast.
Wissen Sie das genau?	این را شما دقیقاً می دانید؟
	in râ shomâ daghighan midânid?
Ich vermute, dass er alt ist.	من احتمال می دهم که شراب قدیمی است.
	man ehtemâl midaham ke sharâb ghadimi ast.
Unser Chef sieht gut aus.	رئیس ما خوش تیپ است.
	ra-ese mâ khosh tip ast.
Finden Sie?	نظر شما این است؟
	nazare shomâ in ast?
Ich finde, dass er sogar sehr gut aussieht.	به نظر من که او بسیار خوش تیپ است.
	be nazare man ke oo besyâr khosh tip ast.
Der Chef hat bestimmt eine Freundin.	رئیس حتماً یک دوست دختر دارد.
	ra-es hatman yek dust dokhtar dârad.
Glauben Sie wirklich?	واقعاً چنین فکری می کنید؟
	vâghe-an chenin fekri mikonid?
Es ist gut möglich, dass er eine Freundin hat.	خیلی احتمال دارد که او یک دوست دختر داشته باشد.
	khyli ehtemâl dârad ke oo yek dust dokhtar dâshte bâshad.

Nebensätze mit dass 2

جملات وابسته با که ۲
jomalâte vâbaste bâ ke 2

Es ärgert mich, dass du schnarchst.	باعث آزار من است که تو خروپف می کنی.
	bâ-ese âzâre man ast ke to khoro pof mikoni.
Es ärgert mich, dass du so viel Bier trinkst.	باعث آزار من است که تو اینقدر آبجو می نوشی.
	bâ-ese âzâre man ast ke to inghadr âbe-jo minushi.
Es ärgert mich, dass du so spät kommst.	باعث آزار من است که تو اینقدر دیر می آیی.
	bâ-ese âzâre man ast ke to inghadr dir mi-âyee.
Ich glaube, dass er einen Arzt braucht.	من فکر می کنم که او به یک پزشک احتیاج دارد.
	man fekr mikonam ke oo be yek pezeshk ehtiâj dârad.
Ich glaube, dass er krank ist.	من فکر می کنم که او مریض است.
	man fekr mikonam ke oo mariz ast.
Ich glaube, dass er jetzt schläft.	من فکر می کنم که او الان خوابیده است.
	man fekr mikonam ke oo alân khâbide ast.
Wir hoffen, dass er unsere Tochter heiratet.	ما امیدواریم که او (مرد) با دختر ما ازدواج کند.
	mâ omidvârim ke oo bâ dokhtare mâ ezdevâj konad.
Wir hoffen, dass er viel Geld hat.	ما امیدواریم که او (مرد) پول زیادی داشته باشد.
	mâ omidvârim ke oo poole ziâdi dâshte bâshad.
Wir hoffen, dass er Millionär ist.	ما امیدواریم که او (مرد) ملیونر باشد.
	mâ omidvârim ke oo milioner bâshad.

Nebensätze mit dass 2

جملات وابسته با که ۲
jomalâte vâbaste bâ ke 2

Ich habe gehört, dass deine Frau einen Unfall hatte.	من شنیده ام که همسرت تصادف کرده است. man shenide-am ke ham-sarat tasâdof kard-e ast.
Ich habe gehört, dass sie im Krankenhaus liegt.	من شنیده ام که او در بیمارستان بستری است. man shenide-am ke oo dar bimâarestân bastari ast.
Ich habe gehört, dass dein Auto total kaputt ist.	من شنیده ام که خودروی تو بطور کامل خراب شده است. man shenide-am ke khodroye to be tore kâmel kharâb shode ast.
Es freut mich, dass Sie gekommen sind.	خوشحالم که شما آمده اید. khosh-hâlam ke shomâ âmade-id.
Es freut mich, dass Sie Interesse haben.	خوشحالم که شما علاقمند هستید. khosh-hâlam ke shomâ alâghemand hastid.
Es freut mich, dass Sie das Haus kaufen wollen.	خوشحالم که شما می خواهید خانه را بخرید. khosh-hâlam ke shomâ mikhâ-heed khâne râ bekharid.
Ich fürchte, dass der letzte Bus schon weg ist.	من نگران هستم که آخرین اتوبوس رفته باشد. man negarân hastam ke âkharin otobus rafte bâshad.
Ich fürchte, dass wir ein Taxi nehmen müssen.	من نگران هستم که مجبور شویم با تاکسی برویم. man negarân hastam ke majbur shavim bâ tâxi beravim.
Ich fürchte, dass ich kein Geld bei mir habe.	من نگران هستم که پول همراه نداشته باشم. man negarân hastam ke pool hamrâh nadâshte bâsham.

Nebensätze mit ob

جملات وابسته با آیا
jomalâte vâbaste bâ âyâ

Ich weiß nicht, ob er mich liebt.	من نمی دانم آیا او (مرد) مرا دوست دارد.
	man nemidânam âyâ oo marâ dust dârad.
Ich weiß nicht, ob er zurückkommt.	من نمی دانم آیا او (مرد) بر می گردد.
	man nemidânam âyâ oo bar migardad.
Ich weiß nicht, ob er mich anruft.	من نمی دانم آیا او (مرد) به من تلفن می کند.
	man nemidânam âyâ oo be man telefon mikonad.
Ob er mich wohl liebt?	آیا او (مرد) مرا دوست دارد؟
	âyâ oo marâ dust dârad.
Ob er wohl zurückkommt?	آیا او (مرد) برمی گردد؟
	âyâ oo bar migardad.
Ob er mich wohl anruft?	آیا او (مرد) به من زنگ خواهد زد؟
	âyâ oo be man zang khâ-had zad?
Ich frage mich, ob er an mich denkt.	من از خودم می پرسم آیا او (مرد) به من فکر می کند.
	man az khodam miporsam âyâ oo be man fekr mikonad.
Ich frage mich, ob er eine andere hat.	من از خودم می پرسم آیا او (مرد) کس دیگری را دارد.
	man az khodam miporsam âyâ oo kase digari râ dârad.
Ich frage mich, ob er lügt.	من از خودم می پرسم آیا او (مرد) دروغ می گوید.
	man az khodam miporsam âyâ oo doroogh migu-yad.

Nebensätze mit ob

جملات وابسته با آیا
jomalâte vâbaste bâ âyâ

Ob er wohl an mich denkt?	آیا او (مرد) به من فکر می کند؟ âyâ oo be man fekr mikonad.
Ob er wohl eine andere hat?	آیا او (مرد) فرد (زن) دیگری را دارد؟ âyâ oo farde digari râ dârad.
Ob er wohl die Wahrheit sagt?	آیا او (مرد) واقعیت را می گوید؟ âyâ oo vâghe-e-yat râ migu-yad?
Ich zweifele, ob er mich wirklich mag.	من تردید دارم که آیا او (مرد) مرا واقعاً دوست دارد. man tardid dâram ke âyâ oo marâ vâghe-an dust dârad.
Ich zweifele, ob er mir schreibt.	من تردید دارم که آیا او (مرد) برایم نامه بنویسد. man tardid dâram ke âyâ oo barâyam nâme benevisad.
Ich zweifele, ob er mich heiratet.	من تردید دارم که آیا او (مرد) با من ازدواج می کند. man tardid dâram ke âyâ oo bâ man ezdevâj mikonad.
Ob er mich wohl wirklich mag?	آیا او (مرد) واقعاً از من خوشش می آید؟ âyâ oo vâghe-an az man khoshash mi-âyad?
Ob er mir wohl schreibt?	آیا او (مرد) برایم نامه می نویسد؟ âyâ oo barâyam nâme minevisad.
Ob er mich wohl heiratet?	آیا او (مرد) با من ازدواج می کند؟ âyâ oo bâ man ezdevâj mikonad.

Konjunktionen 1

Warte, bis der Regen aufhört.	صبر کن تا باران متوقف شود. sabr kon tâ bârân motevaghef shavad.
Warte, bis ich fertig bin.	صبر کن تا من کارم تمام شود. sabr kon tâ man kâram tamâm shavad.
Warte, bis er zurückkommt.	صبر کن تا او برگردد. sabr kon tâ oo bar-gar-dad
Ich warte, bis meine Haare trocken sind.	من صبر می کنم تا موهایم خشک شوند. man sabr mikonam tâ muhâyam khoshk shavand.
Ich warte, bis der Film zu Ende ist.	من صبر می کنم تا فیلم تمام شود. man sabr mikonam tâ film tamâm shavad.
Ich warte, bis die Ampel grün ist.	من صبر می کنم تا چراغ راهنما سبز شود. man sabr mikonam tâ cherâghe râh namâ sabz shavad.
Wann fährst du in Urlaub?	تو کی به مسافرت می روی؟ to key be mosâferat miravi?
Noch vor den Sommerferien?	پیش از تعطیلات تابستانی؟ pish az ta-atilâte tâbestâni?
Ja, noch bevor die Sommerferien beginnen.	بله، پیش از آنکه تعطیلات تابستانی شروع شود. bale, pish az ânke ta-atilâte tâbestâni shoru-e shavad.

Konjunktionen 1

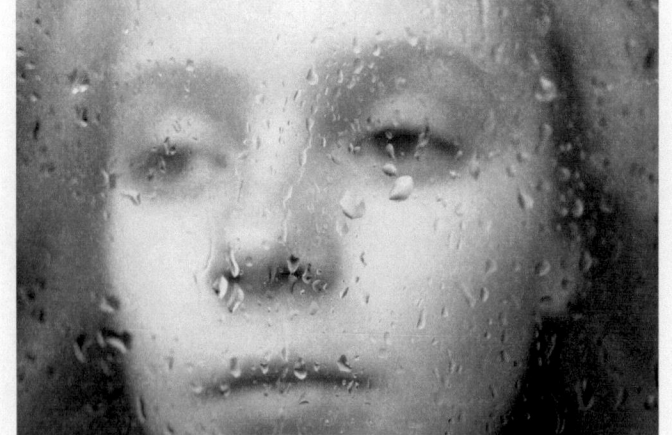

Reparier das Dach, bevor der Winter beginnt.

پیش از آنکه زمستان شروع شود، سقف را تعمیر کن.
pish az ânke zemestân shoru-e shavad, saghf râ ta-a-mir kon.

Wasch deine Hände, bevor du dich an den Tisch setzt.

پیش از آنکه سر میز بنشینی، دست هایت را بشوی.
pish az ânke sare miz beneshini, dast-hâyat râ beshuye.

Schließ das Fenster, bevor du rausgehst.

پیش از آنکه خارج شوی، پنجره را ببند.
pish az ânke khârej shavi, panjere râ beband.

Wann kommst du nach Hause?

کی به خانه می آیی؟
key be khâne mi-âyee?

Nach dem Unterricht?

بعد از کلاس درس؟
bad az kelâse dars?

Ja, nachdem der Unterricht aus ist.

بله، بعد از این که کلاس درس تمام شد.
bale, bad az in ke kelâse dars tamâm shod.

Nachdem er einen Unfall hatte, konnte er nicht mehr arbeiten.

بعد ازاین که او (مرد) تصادف کرد دیگر نتوانست کار کند.
bad az in ke oo tasâdof kard digar natavânest kâr konad.

Nachdem er die Arbeit verloren hatte, ist er nach Amerika gegangen.

بعد از این که او (مرد) کارش را از دست داد به آمریکا رفت.
bad az in ke oo kârash râ az dast dâd be âmrikâ raft.

Nachdem er nach Amerika gegangen war, ist er reich geworden.

بعد از این که او (مرد) به آمریکا رفت ثروتمند شد.
bad az in ke oo be âmrikâ raft servatmand shod.

Konjunktionen 2

Seit wann arbeitet sie nicht mehr?	او (زن) از چه موقع دیگر کار نمی کند؟
	oo az che moghe digar kâr nemikonad?
Seit ihrer Heirat?	از زمان ازدواجش؟
	az zamâne ezdevâjash?
Ja, sie arbeitet nicht mehr, seitdem sie geheiratet hat.	بله، او از وقتی که ازدواج کرده است، دیگر کار نمی کند.
	bale, oo az vaghti ke ezdevâj karde ast digar kâr nemikonad.
Seitdem sie geheiratet hat, arbeitet sie nicht mehr.	او (زن) از زمانی که ازدواج کرده است دیگر کار نمی کند.
	oo az zamâni ke ezdevâj karde ast digar kâr nemikonad.
Seitdem sie sich kennen, sind sie glücklich.	از وقتی که آنها با هم آشنا شدند خوشبخت هستند.
	az vaghti ke ânhâ bâ ham âshenâ shodand khosh-bakht hastand.
Seitdem sie Kinder haben, gehen sie selten aus.	از وقتی بچه دار شده اند به ندرت بیرون می آیند .
	az vaghti bach-che dâr shode-and be nodrat birun mi-âyand.
Wann telefoniert sie?	او (زن) چه موقع تلفن می کند؟
	oo che moghe telefon mikonad?
Während der Fahrt?	در حین رانندگی؟
	dar heyne rânandegi?
Ja, während sie Auto fährt.	بله، هنگامی که رانندگی می کند.
	bale, hengâmi ke rânandegi mikonad.

Konjunktionen 2

Sie telefoniert, während sie Auto fährt.	او (زن) هنگام رانندگی تلفن می زند.
	oo hengâme rânandegi telefon mizanad.
Sie sieht fern, während sie bügelt.	او همزمان با اتو کردن تلویزیون تماشا می کند.
	oo ham-zamân bâ otu kardan televizion tamâshâ mikonad.
Sie hört Musik, während sie ihre Aufgaben macht.	او (زن) ضمن انجام تکالیف مدرسه موسیقی گوش میدهد.
	oo zemne anjâme takâlife madrese musighi gush mida-had.
Ich sehe nichts, wenn ich keine Brille habe.	من موقعی که عینک نمی زنم هیچ چیز نمی بینم.
	man moghe-e ke eynak nemizanam hich chiz nemibinam.
Ich verstehe nichts, wenn die Musik so laut ist.	من موقعی که موسیقی بلند است هیچ چیز نمی فهمم.
	man moghe-e ke musighi boland ast hich chiz nemifahmam.
Ich rieche nichts, wenn ich Schnupfen habe.	من موقعی که سرما خورده ام هیچ بویی را احساس نمی کنم.
	man moghe-e ke sarmâ khorde-am hich bu-yee râ ehsâs nemikonam.
Wir nehmen ein Taxi, wenn es regnet.	موقعی که باران می بارد ما تاکسی سوار می شویم.
	moghe-e ke bârân mibârad mâ tâxi savâr mishavim.
Wir reisen um die Welt, wenn wir im Lotto gewinnen.	اگر در بخت آزمایی ببریم، به دور دنیا سفر می کنیم.
	agar dar bakht-âzmâ-yee bebarim, be dore donyâ safar mikonim.
Wir fangen mit dem Essen an, wenn er nicht bald kommt.	اگر او به زودی نیاید ما غذا را شروع می کنیم.
	agar oo be zudi nayâyad mâ ghazâ râ shoru-e mikonim.

Konjunktionen 3

حروف ربط ٣
horufe rabt 3

Ich stehe auf, sobald der Wecker klingelt.

من به محض این که ساعت زنگ بزند، بیدار می شوم.
man be mahze in ke sâ-at zang bezanad, bidâr mishavam.

Ich werde müde, sobald ich lernen soll.

من به محض این که شروع به درس خواندن می کنم خسته
میشوم.
man be mahze in ke shoru-e be dars khândan mikonam khaste mishavam.

Ich höre auf zu arbeiten, sobald ich 60 bin.

به محض این که به سن ٦٠ سالگی برسم دیگر کار نمی کنم.
be mahze in ke be sen-ne shast sâlegi beresam digar kâr nemikonam.

Wann rufen Sie an?

چه موقع تلفن می کنید؟
che moghe telefon mikonid?

Sobald ich einen Moment Zeit habe.

به محض این که چند لحظه فرصت پیدا کنم.
be mahze in ke chand lahze forsat peydâ konam.

Er ruft an, sobald er etwas Zeit hat.

او (مرد) به محض این که فرصت پیدا کند تلفن می کند.
oo be mahze in ke forsat peydâa konad telefon mikonad.

Wie lange werden Sie arbeiten?

چه مدت شما کار خواهید کرد؟
che mod-dat shomâ kâr khâhid kard?

Ich werde arbeiten, solange ich kann.

تا زمانی که بتوانم، کار خواهم کرد.
tâ zamâni ke betavânam kâr khâham kard.

Ich werde arbeiten, solange ich gesund
bin.

من تا زمانی که سالم باشم کار خواهم کرد.
man tâ zamâni ke sâlem bâsham kâr khâham kard.

Konjunktionen 3

Er liegt im Bett, anstatt dass er arbeitet.

او (مرد) به جای این که کار کند در رختخواب لم داده است.
oo be jâye in ke kâr konad dar rakhte-khâb lam dâde ast.

Sie liest die Zeitung, anstatt dass sie kocht.

او (زن) به جای این که غذا بپزد روزنامه می خواند.
oo be jâye in ke ghazâ bepazad ruznâme mikhânad.

Er sitzt in der Kneipe, anstatt dass er nach Hause geht.

او (مرد) به جای این که به خانه برود در بار می نشیند.
oo be jâye in ke be khâne beravad dar bâr mineshinad.

Soweit ich weiß, wohnt er hier.

تا آنجا که من اطلاع دارم او (مرد) اینجا زندگی می کند.
tâ ânjâ ke man et-telâ-e dâram oo injâ zendegi mikonad.

Soweit ich weiß, ist seine Frau krank.

تا آنجا که من اطلاع دارم همسرش مریض است.
tâ ânjâ ke man et-telâ-e dâram hamsarash mariz ast.

Soweit ich weiß, ist er arbeitslos.

تا آنجا که من اطلاع دارم او (مرد) بیکار است.
tâ ânjâ ke man et-telâ-e dâram oo bikâr ast.

Ich hatte verschlafen, sonst wäre ich pünktlich gewesen.

من خواب ماندم، وگرنه به موقع می رسیدم.
man khâb mândam, vagarna be moghe miresidam.

Ich hatte den Bus verpasst, sonst wäre ich pünktlich gewesen.

من به اتوبوس نرسیدم وگرنه به موقع می رسیدم.
man be otobus naresidam vagarna be moghe miresidam.

Ich hatte den Weg nicht gefunden, sonst wäre ich pünktlich gewesen.

من راه را پیدا نکردم وگرنه به موقع می رسیدم.
man râh râ peydâ nakardam vagarna be moghe miresidam.

Konjunktionen 4

حروف ربط ٤
horufe rabt 4

Er ist eingeschlafen, obwohl der Fernseher an war.

با وجود این که تلویزیون روشن بود، او (مرد) خوابش برد.
bâ vojude in ke televizion row-shan bud, oo khâbash bord.

Er ist noch geblieben, obwohl es schon spät war.

با وجود این که دیروقت بود، او (مرد) ماند.
bâ vojude in ke dir vaght bud, oo mând.

Er ist nicht gekommen, obwohl wir uns verabredet hatten.

با وجود این که قرار داشتیم، او (مرد) نیامد.
bâ vojude in ke gharâr dâshtim, oo nayâmad.

Der Fernseher war an. Trotzdem ist er eingeschlafen.

تلویزیون روشن بود. با وجود این او (مرد) خوابش برد.
televizion roshan bud. bâ vojude in oo khâbash bord.

Es war schon spät. Trotzdem ist er noch geblieben.

دیر وقت بود. با وجود این او (مرد) ماند.
dir vaght bud, bâ vojude in oo mând.

Wir hatten uns verabredet. Trotzdem ist er nicht gekommen.

ما با هم قرار ملاقات داشتیم. با وجود این او (مرد) نیامد.
mâ bâ ham gharâre molâghât dâshtim, bâ vojude in oo nayâmad.

Obwohl er keinen Führerschein hat, fährt er Auto.

با وجود این که گواهی نامه ی رانندگی ندارد، رانندگی می کند
bâ vojude in ke gavâhi-nâme-ye rânandegi nadârad, rânandegi mikonad.

Obwohl die Straße glatt ist, fährt er schnell.

با وجود این که خیابان لغزنده بود، با سرعت رانندگی می کند.
bâ vojude in ke khiâbân laghzande bud, bâ sorat rânandegi mikonad.

Obwohl er betrunken ist, fährt er mit dem Rad.

با وجود این که مست است، با دوچرخه می رود.
bâ vojude in ke mast ast, bâ docharkhe miravad.

Er hat keinen Führerschein. Trotzdem fährt er Auto.

او (مرد) گواهی نامه ندارد. با وجود این او (مرد) رانندگی می کند
oo gavâhi-nâme nadârad. bâ vojude in oo rânandegi mikonad.

Die Straße ist glatt. Trotzdem fährt er so schnell.

خیابان لغزنده است. باوجود این او (مرد) تند می راند.
khiâbân laghzande ast. bâ vojude in oo tond miranad.

Er ist betrunken. Trotzdem fährt er mit dem Rad.

او (مرد) مست است. با وجود این او (مرد) با دوچرخه می رود.
oo mast ast. bâ vojude in oo bâ docharkhe miravad.

Sie findet keine Stelle, obwohl sie studiert hat.

با این که او (زن) تحصیل کرده است، کار پیدا نمی کند.
bâ in ke oo tahsil karde ast, kâr peydâ nemikonad.

Sie geht nicht zum Arzt, obwohl sie Schmerzen hat.

با این که او (زن) درد دارد، به دکتر نمی رود.
bâ in ke oo dard dârad, be doktor nemiravad.

Sie kauft ein Auto, obwohl sie kein Geld hat.

با این که او (زن) پول ندارد، ماشین می خرد.
bâ in ke oo pool nadârad, mâshin mikharad.

Sie hat studiert. Trotzdem findet sie keine Stelle.

او تحصیل کرده است. با وجود این کار پیدا نمی کند.
oo tahsil karde ast. bâ vojude in kâr peydâ nemikonad.

Sie hat Schmerzen. Trotzdem geht sie nicht zum Arzt.

او (زن) درد دارد. با وجود این به دکتر مراجعه نمی کند.
oo dard dârad. bâ vojude in be doktor morâje-e nemikonad.

Sie hat kein Geld. Trotzdem kauft sie ein Auto.

او (زن) پول ندارد. با وجود این یک خودرو می خرد.
oo pool nadârad. bâ vojude in yek khodro mikharad.

Doppelte Konjunktionen

حروف ربط مضاعف

horufe rabte mozâ-af

Die Reise war zwar schön, aber zu anstrengend.	اگرچه مسافرت خوب بود، اما خیلی خسته کننده بود.
	agarche mosâferat khub bud, ammâ khyli khaste konande bud.
Der Zug war zwar pünktlich, aber zu voll.	اگرچه قطار سر وقت آمد، اما خیلی پر بود.
	agarche ghatâr sare vaght âmad, ammâ khyli por bud.
Das Hotel war zwar gemütlich, aber zu teuer.	اگرچه هتل خوب و راحت بود، اما خیلی گران بود.
	agarche hotel khub-o râahat bud, ammâ khyli gerân bud.

Er nimmt entweder den Bus oder den Zug.	او (مرد) یا با اتوبوس می رود یا با قطار.
	oo yâ bâ otobus miravad yâ bâ ghatâr.
Er kommt entweder heute Abend oder morgen früh.	او (مرد) یا امشب می آید یا فردا صبح زود.
	oo yâ emshab mi-âyad yâ fardâ sobhe zud.
Er wohnt entweder bei uns oder im Hotel.	او (مرد) یا پیش ما می ماند یا در هتل.
	oo yâ pishe mâ mimânad yâ dar hotel.

Sie spricht sowohl Spanisch als auch Englisch.	او هم اسپانیایی و هم انگلیسی صحبت می کند.
	oo ham espâniâ-yee va ham engelisi sohbat mikonad.
Sie hat sowohl in Madrid als auch in London gelebt.	او هم در مادرید و هم در لندن زندگی کرده است.
	oo ham dar mâdrid va ham dar landan zendegi karde-ast.
Sie kennt sowohl Spanien als auch England.	او هم اسپانیا را می شناسد و هم انگلیس را.
	oo ham espâniâ râ mishenâsad va ham engelis râ.

Doppelte Konjunktionen

حروف ربط مضاعف
horufe rabte mozâ-af

Er ist nicht nur dumm, sondern auch faul.	او نه تنها احمق است، بلکه تنبل هم هست. oo na tanhâ ahmagh ast, balke tanbal ham hast.
Sie ist nicht nur hübsch, sondern auch intelligent.	او (زن) نه تنها زیباست بلکه باهوش هم هست. oo na tanhâ zibâst balke bâhush ham hast.
Sie spricht nicht nur Deutsch, sondern auch Französisch.	او (زن) نه تنها آلمانی، بلکه فرانسوی هم صحبت می کند. oo na tanhâ âlmâni, balke farânsavi ham sohbat mikonad.
Ich kann weder Klavier noch Gitarre spielen.	من نه می توانم پیانو بنوازم و نه گیتار. man na mitavânam piâno benavâzam va na gitâr.
Ich kann weder Walzer noch Samba tanzen.	من نه می توانم والس برقصم و نه سامبا. man na mitavânam vâls beraghsam va na sâmbâ.
Ich mag weder Oper noch Ballett.	من نه از آواز اپرا خوشم می آید و نه از رقص باله. man na az âvâze operâ khosham mi-âyad va na az raghse bâle.
Je schneller du arbeitest, desto früher bist du fertig.	هر چه سریعتر کار کنی، زودتر کارت تمام می شود. har che sari-e-tar kâr koni, zudtar kârat tamâm mishavad.
Je früher du kommst, desto früher kannst du gehen.	هرچه زودتر بیایی، زودتر هم می توانی بروی. har che zud-tar biâ-yee, zud-tar ham mitavâni beravi.
Je älter man wird, desto bequemer wird man.	هر چه سن بالا می رود، احساس راحت طلبی بیشتر می شود. har che sen bâlâ miravad, ehsâse râhat-talabi bishtar mishavad.

Genitiv

حالت اضافه
hâlate ezâfe

die Katze meiner Freundin

گربه دوست دخترم
gorbe-e dust dokhtaram.

der Hund meines Freundes

سگ دوست پسرم
sage dust pesaram.

die Spielsachen meiner Kinder

اسباب بازی بچه هایم
asbâb-bâzi-ye bach-che-hâyam.

Das ist der Mantel meines Kollegen.

این پالتوی همکار من است.
in pâltoye hamkâre man ast.

Das ist das Auto meiner Kollegin.

این خودروی همکار (زن) من است.
in khodroye hamkâre man ast.

Das ist die Arbeit meiner Kollegen.

این کار همکاران من است.
in kâre hamkârâne man ast.

Der Knopf von dem Hemd ist ab.

دکمه ی پیراهن افتاده است (گم شده است).
dok-maye piraâhan oftâde ast (gom shode ast)

Der Schlüssel von der Garage ist weg.

کلید گاراژ گم شده است.
kelide gârâj gom shode ast.

Der Computer vom Chef ist kaputt.

کامپیوتر رئیس خراب است.
kâmputere ra-is kharâb ast.

Genitiv

حالت اضافه
hâlate ezâfe

Wer sind die Eltern des Mädchens?	والدین دختر چه کسانی هستند؟ vâledaine dokhtar che kasâni hastand?
Wie komme ich zum Haus ihrer Eltern?	چگونه به خانه ی والدین او برویم ؟ che-gune be khâne-ye vâledaine oo beravim?
Das Haus steht am Ende der Straße.	خانه در انتهای خیابان قرار دارد. khâne dar entehâye khiâbân gharâr dârad.

Wie heißt die Hauptstadt von der Schweiz?	پایتخت سوئیس چه نام دارد؟ pâytakhte su-is che nâm dârad?
Wie heißt der Titel von dem Buch?	عنوان کتاب چیست؟ onvâne ketâb chist?
Wie heißen die Kinder von den Nachbarn?	نام بچه های همسایه چیست؟ nâme bach-che-hâye hamsâye chist?

Wann sind die Schulferien von den Kindern?	تعطیلات مدرسه ی بچه ها چه موقع است؟ ta-etilâte madreseye bach-che-hâ che moghe ast?
Wann sind die Sprechzeiten von dem Arzt?	اوقات ویزیت دکتر چه زمانهایی است؟ oghâte visite doktor che zamân-hâyee ast?
Wann sind die Öffnungszeiten von dem Museum?	ساعات کاری موزه چه زمان هایی است؟ sâ-ate kâri-e muze che zamân-hâyee ast?

Adverbien

قیدها

gheyd-hâ

schon einmal – noch nie

تاکنون — هرگز

tâkonun - hargez

Sind Sie schon einmal in Berlin gewesen?

آیا تا به حال در برلین بوده اید؟

âyâ tâ be hâl dar berlin bude-id?

Nein, noch nie.

نه، هرگز.

na, hargez.

jemand – niemand

کسی — هیچکس

kasi - hichkas

Kennen Sie hier jemand(en)?

شما اینجا کسی را می شناسید؟

shomâ injâ kasi râ mishenâsid?

Nein, ich kenne hier niemand(en).

نه، من اینجا کسی را نمی شناسم.

na, man injâ kasi râ nemishenâsam.

noch – nicht mehr

هنوز هم — دیگر نه

hanuz ham - digar na

Bleiben Sie noch lange hier?

شما مدت بیشتری اینجا می مانید؟

shomâ mod-dat-e bishtari injâ mimânid?

Nein, ich bleibe nicht mehr lange hier.

نه، من دیگر زیاد اینجا نمی مانم.

na, man digar ziâd injâ nemimânam.

Adverbien

قیدها
gheyd-hâ

noch etwas – nichts mehr

مقداری دیگر — بیشتر از این نه
meghdâri digar - bishtar az in na

Möchten Sie noch etwas trinken?

می خواهید مقداری دیگر بنوشید؟
mikha-heed meghdâri digar benushid?

Nein, ich möchte nichts mehr.

نه، بیش از این نمی خواهم.
na, bish az in nemikhâham.

schon etwas – noch nichts

تا حالا مقداری — هنوز هیچ
tâ hâlâ meghdâri - hanuz hich

Haben Sie schon etwas gegessen?

شما چیزی خورده اید؟
shomâ chizi khorde-id?

Nein, ich habe noch nichts gegessen.

نه، هنوز هیچ چیز نخورده ام.
na, hanuz hich chiz nakhorde-am.

noch jemand – niemand mehr

کس دیگر — هیچ کس دیگر
kas-e digar - hich kas-e digar

Möchte noch jemand einen Kaffee?

کس دیگری قهوه می خواهد؟
kas-e digari ghahve mikhâ-had?

Nein, niemand mehr.

نه، دیگر کسی نمی خواهد.
na, digar kasi nemikhâ-had